Hamp Asenbaum & Michael Wolf
Hefeweiß und Klostergold

Ludwig · Reihe Bavarica · Band 7

Hamp Asenbaum & Michael Wolf

Hefeweiß und Klostergold

Landpartien durchs alte und neue Bayern

WLV

W. Ludwig Verlag

3. Auflage 1985
ISBN 3-7787-3221-8

Satz und Druck: Ilmgaudruckerei Pfaffenhofen
Printed in Germany

Umschlaggestaltung: Wilhelm Maier-Solgk, München

Im voraus

Fünf Tragl Bier repräsentieren einen gewissen Gegenwert, selbst als Leergut.
Schon allein von daher finden wir den Preis für dieses Buch in Ordnung.
Von hundert Flaschen Bier ist also hier die Rede, von obergärigem, bayrischen Weißbier, mit Hefe.
Und weil wir keine Pedanten sind, können es auch ein paar Flaschen mehr werden.
Das Quantum selber ist an und für sich nichts Besonderes. Manch einer hat ja hierzulande einen Durst, dem hundert Flaschen in der Woche keinen übermäßigen Respekt abverlangen. Wir dagegen haben uns schon ein bisserl mehr Zeit dazu gelassen.
Aber warum unser Buch lesen, nicht nur kaufen und in den Schrank stellen?
Eins ist doch klar:
Auch einem ausgesprochen gesprächigen Menschen wird es nicht einfallen, über hundert genormte Euroflaschen ein Buch zu verfassen.
Hundert Gleiche geben halt nun mal keinen Stoff für eine Bayerische Geschichte her.
Und darum finden sich in unseren fünf Tragln natürlich hundert verschiedene: Hundert individuelle, wirklich verschiedene Hefeweißbiere. Die Etikettenschwindler abgezogen!
Nun einmal ehrlich: Wenn wir davon ausgehen dürfen, daß Sie, lieber Leser, kein Chemielaborant sind, trauen

Sie sich zu, hundert Sorten Pils auseinanderzuhalten? Oder fünfzig?
Wir auch nicht.
Aber beim Weißbier geht so etwas halt, wenigstens beim Hefeweißbier, und nur davon wollen wir reden. Und wenn Sie das Vergnügen nicht scheuen, dieses Buch weiterzulesen, dann werden Sie nicht nur wissen, warum das so ist, sondern auch von den rund 150 in Bayern noch überlebenden Hefeweißbiersorten mindestens die Hälfte selber unterscheiden können. Vor allem aber werden Sie viel herumkommen mit uns. An Orte, wo die Touristenströme vorbeirauschen und wo den Leuten der Mund noch anders geht als den Bayern aus dem norddeutschen Rundfunk.
Zugegeben, manche der Weißbiersorten haben wir ganz einfach in einer Wirtschaft oder in einem Laden gekauft, so wie das viele Leute tun, ohne sich viel dabei zu denken. Aber wenn wir zurückblicken, möchten wir schon behaupten, daß das eher die Ausnahme als die Regel war. Die meisten haben wir uns nämlich redlich verdient, weil der Weg zum Hefeweißbier in aller Regel mit beträchtlichen Schwierigkeiten gepflastert ist, wenn er überhaupt gepflastert ist.
Heute wissen wir, daß gerade die ungepflasterten Wege zu unverhofften Entdeckungen führen können: Glück und Zufall braucht's eben auch.
Nun darf man aber nicht meinen, daß der Weg vom Zufall zum Einfall allein mit Glück zu meistern war. Die Tinte fließt eben nicht so leicht aus der Feder wie ein

Weißbier ins Glas. Und überschäumen tun die Einfälle auch nicht gleich beim ersten Einschenken. Aber wenn's auch nicht ohne trockene Katalogarbeit ging, so haben wir uns die Ergebnisse doch nicht mit der Telefonstrippe in die Schreibstube geholt.
Was von unseren Fahrten blieb, ist viel Leergut und dieses Weißbierbuch, voll von Begegnungen mit Bayerns Weisheit, Bier und Hefe.
Wer aber nun ein Lexikon erwartet, der sollte das Buch gleich in den Schrank stellen. Wir wollten partout aus unserem Leergut kein Lehrgut machen. Es geht schließlich um Hefeweißbier und nicht um Kristallweizen.
Die Hefe führt zur Gärung, und was noch gärt, das läßt sich nicht lehren, es will weder ins Glas noch ins Buch. Genüsse werden schal, wenn sie in Rituale gepfercht werden, und wenn man Wegweisern folgt, die andere hingestellt haben: Man wird sie lernen, aber lehren kann man sie nicht. Drum hat ein Beuteltee nichts mehr mit fernöstlicher Kultur zu tun, und kein englischer Lord wird das richtige Pfeifenstopfen aus einem siebengescheiten Taschenbuch lernen!
Und so trinkt man hierzulande eben das Weißbier, mit der Hefe drin, und ohne Vorbilder.
Der Weg zu den Hefeweißbieren führte uns unweigerlich zur Begegnung mit den Resten der bayerischen Klosterkultur. Meist sehr lebendigen Resten, und nicht nur dort, wo der Staat fürs Restaurieren sorgt!
Die Hefe verträgt sich mit dem hiesigen Menschen ebenso, wie die Klöster und Kirchen in das Land vor den

Bergen gepaßt haben. Freilich, das will nicht heißen, daß die Volksseele nicht einmal arg ins Pfurzen gekommen ist, wenn sie allzu gach in Gärung gebracht wurde.
Aber in der bayerischen Vergangenheit war die Hefe des Volks das Christentum. Mönche, Pröpste und Prälaten hielten die Kultur in Bewegung, doch haben die hohen Herren nicht allerweil um die Empfindlichkeit der bayerischen Seele gewußt: Sie schlug um und wurde sauer.
Die Hefe ist ein Pilz, und im Barock und Rokoko war eine besonders gute Schwammerlzeit: Kein Dorf, das nicht sein eigenes Kircherl bekam, keine größere Ortschaft ohne Kloster und keine 500 Leut' ohne eigene Brauerei. Aber die gierige Säkularisation durchstreifte den dichten Wald der bayerischen Kirchtürme und brockte die herrlichsten Klöster und Wallfahrten mit weit größerer Geschwindigkeit, als sie aus dem Boden hervorgeschossen waren. Gründlich hat man gebrockt, und oft ist es nur mehr ein Braurezept, das die Erinnerung an klösterliche Größe hochhält.
So kamen wir hin zu den Braugerechtsamen des Landes. Da gibt es Brauersfamilien, die denken gar nicht daran, ihr Bier woanders zu verkaufen als in der eigenen Wirtschaft. Die wollen nicht expandieren. Und niemandem drängen sie den Geschmack ihres Bieres auf, indem sie es ihm in die Stube nachkutschieren. Man muß schon selber hinfahren, und dann ist eben die Kirch' auch gleich daneben, wenn der Brauereischornstein nicht eh schon aus einer alten Abtei herausragt.

Aber es werden weniger. Die riesigen Brauereiaktiengesellschaften drängen hinaus aufs Land, gehetzt von ihren großbankgesteuerten Vorständen und Aufsichtsräten. Da geht es nicht immer gemütlich zu dabei, gerade dort, wo mit Gemütlichkeit viel Werbung und Geschäft gemacht wird: Dann toben Hefe und Kohlensäure umeinander im Weißbierglas. Und zuletzt sinkt die Hefe erschöpft hinunter. Aber nicht immer, zum Glück.
Die besten Weißbiere sind die, wo Hefe und Kohlensäure sich die Waage halten.

Wie es kam, daß wir mit dem Weißbier-Buch angefangen haben

Es war eines dieser mittelfaden Gartenfeste.

Immerhin hatte der Michael, das ist der eine von uns, in weiser Voraussicht einen Kasten „Dachs"-Hefeweißbier aus Weilheim herangeschafft, weil es ansonsten nämlich nur die typische Bowle zu trinken gab. Auf so etwas bekommen wir aber Kopfweh.

Damals kam uns das schon ungeheuer exklusiv vor: Schließlich landet der Normalmünchner meistens in Erding, wenn er in puncto Hefeweißbier über die Grenzen der Landeshauptstadt hinausdenkt.

Aber der Michael kannte das „Dachs" noch aus seiner Weilheimer Schulzeit, und es mochte nicht unwesentlich zu deren Abschluß beigetragen haben. Braut doch der „Dachs" sein hefereiches Gebräu ausgerechnet gegenüber dem Schulportal des Weilheimer Gymnasiums. Und ausschenken tut er es dort natürlich auch.

Bei dem besagten Fest nun waren wir gerade dabei, wieder einmal unsere Gläser aufzufüllen. „Ui", kam es da auf einmal von hinten, und zwar in einem Tonfall, der sich anheimelnd von dem der übrigen Gäste unterschied, „da gäb's ja auch ein Weißbier! Das hätt' einem aber schon g'sagt g'hört! Was für eins is' denn?" Verwundert musterte er das Etikett. „Dachsbräu Weilheim? Den kenn' i ja gar net!"

Und nicht ohne eine gewisse schulmeisterliche Herablassung klärten wir ihn darüber auf, daß der „Dachs" nur

eine kleine und obendrein reine Hefeweißbierbrauerei sei.
„Öha! – Ihr seid's wohl Weißbierspezialisten!", rief er, „Kennt's ihr nacha des ‚Grünbacher' auch schon?" Da mußten wir allerdings passen.
„Des kommt aus Grünbach bei Erding. ‚Greabeck' heißt's bei uns. Des is vielleicht guat, sag ich Euch!"
Und schon verzog er sich mit seinem „Dachs" in der Hand in die Arme seiner Preußenbraut, die gelangweilt an dem trüben und ihr völlig fremdartigen Getränk schnupperte, es probierte und dann „irrsinnig dufte" fand.
Was hatte er da gesagt?
Weißbierspezialisten?
Das war neu! Da gab es ja ungeahnte Möglichkeiten: Tauschpartner in Südamerika? Versteigerungen seltener oder gar ausgestorbener Sorten! Weißbier-Weltkongresse! Spezielle Sammlerkühlschränke!
Die Ära der Bierdeckelsammler, der Briefmarken- und Antiquitätensammler, sie war durch ein einziges Wort zur Vergangenheit zusammengeschrumpelt.
Ist Weißbier denn nicht viel gesünder, erschwinglicher und im wahrsten Sinne des Wortes wirtschaftsfördernder als all die anderen Gegenstände der Sammlerleidenschaft? Ist dieses undurchsichtige, hefegetrübte Getränk nicht genau das, was uns für die sonst so pfiffigen Pilstrinker aus dem Norden so undurchschaubar macht? So einmalig und typisch für Altbayern, daß man es schon fast zum Symbol einer spezifischen Kultur erklären

könnte, so wie der Tee es für die Engländer geworden ist oder der Wein für die Griechen?

Und Hamp, das ist der andere von uns, bemerkte nach einem bedächtigen Schluck: „Weißbierspezialisten . . .?“, und er runzelte sehr die Stirn dabei, „Hhm“.

So brachen wir halt am nächsten Morgen nach Grünbach auf. An einem trüben, verregneten Samstag.

Erding – Grünbach – Isen – St. Wolfgang – Haag – Markt Schwaben – Feldkirchen

Vielleicht wäre alles ganz anders gekommen.
Aber man kommt nun einmal nicht um Erding herum, wenn man von München nach Grünbach will.
Der Weg ist ja bestens beschildert. Nicht nur mit amtlichen Hinweisen. Die Erdinger lotsen einen gleich mitten hinein in die Probleme ihres Landkreises: „Nein!“ verkünden riesige Transparente entlang der Straßen. Gemeint ist damit der geplante Großflughafen. Nein, sie sollen hier nicht landen, die Jumbo-Jets. Und das nicht nur deshalb, weil sich die Luft über dem Erdinger Moos durch eine ausgesprochene Naturtrübung auszeichnen soll.
Aber da erscheint ja schon auf der anderen Straßenseite der Gegenvorschlag. Nicht die Jumbos will man landen sehen, sondern: „Einmal landet jeder beim Erdinger Weißbier“. Dazu aber braucht man wirklich nicht nach Erding, schon gar nicht mit dem Flugzeug. Denn das Erdinger Weißbier gibt es fast schon in jedem Supermarkt, und viele Brauereien lassen es in ihren Wirtschaften ausschenken, wenn sie selber kein eigenes Weißbier herstellen können, wollen oder dürfen.
Wenigstens haben dann manche so viel Schamgefühl, daß sie Gläser mit ihrem eigenen Brauereiwappen auf den Schanktisch stellen, in die ihre Wirte dann mehr oder weniger heimlich das „Erdinger“ hineinpraktizieren.

Hier wird dem Kunden wenigstens die Illusion gelassen, er wäre einmal woanders gelandet.
Warum so ein Etikettenschwindel selten aufkommt? Weil gerade in diesen Kreisen die furchtbare Unsitte der Zitronenscheibe im Weißbier bis in unser aufgeklärtes Zeitalter hinein Bestand hat.
Der massive Einsatz dieser Vitamin-C-strotzenden Früchte gewährleistet nämlich bei beinahe jedem Hefeweißbier eine Vereinheitlichung des Geschmacks, daß gerade die beim Hefeweißbier so typischen feinen Geschmacksnuancen rücksichtslos übertüncht werden. Dann kann man allerdings höchstens noch farbliche Unterschiede zwischen den einzelnen Sorten feststellen. Weil wir gerade dabei sind: Wir haben auf Erfahrung gründende Zweifel, ob der Vitamin-C-Gehalt von so einem läppischen Zitronenschnitzel ausreicht, um den Körper gegen die Flut von Bakterien zu schützen, die er abbekommt, wenn so ein eingewachstes gelbes Etwas ins Weißbier geworfen wird, das den ganzen Tag neben der Kleingeldkassa auf dem Schanktisch zugebracht hat. . .
Dabei hätte es gerade das Erdinger Weißbier eigentlich gar nicht nötig, sich unter so einem hygienischen Zitronenduft zu verstecken. Für ein Massenprodukt ist es nämlich recht ordentlich geraten. Wenn's nach uns geht, kann man schon einmal dabei landen. Ob allerdings öfter, das muß man schon selber entscheiden.
„Mit feiner Hefe" haben die Werbestrategen auf das Etikett geschrieben, weil manche Leute immer noch nicht wissen, daß gerade die Hefe das Feine am Weißbier

ist. „Mit . . . Hefe“, das soll so klingen, als habe der Hersteller etwas Außerordentliches hinzugefügt: Die Erdinger wollen ihr Produkt halt nicht nur Kennern, sondern möglichst vielen Leuten verkaufen. Dazu braucht's mitunter schon eine etwas aufdringlichere Werbung.

Leider werden viele Wirte, und das gilt nicht nur für das „Erdinger Weißbier“, dem neuen, „feinen“ Hefetrend der Werbeleute nicht gerecht. Das hektische Einschenken vieler Wirtsleute führt nämlich dazu, daß pappige Batzen ganz ungemütlich im Glas herumtoben, die sich alles andere als „fein“ ausnehmen. Und so kann die Hefe ihren Wohlgeschmack natürlich nicht entfalten, der das Malzaroma so gut abrundet. Es kommt nicht zu der schönen, gleichmäßigen Hefetrübung, der „Opaleszenz“, wie feine Leute sagen.

Ja, das Weißbier mit seiner trüben Hefe ist heutzutage langsam auch bei feinen Leuten wieder salonfähig geworden. Daran ist der „Erdinger Weißbräu“ und sein Besitzer Franz Brombach sicher nicht ganz unschuldig: Zu Zeiten, als andere Brauereien noch rätselten, wie sie die roten Zahlen aus dem Weißbiergeschäft möglichst unauffällig in die Bilanzen hineinfrisieren könnten, durchkämmte Brombach schon mit Sportwagen und Autotelephon die Lande, um schwarze Zahlen aus dem Weißbierverkauf nach Hause zu fahren. Ein energischer Geschäftsmann, dieser Franz Brombach, bei dem wir schon verstehen, daß er alle Leute bei seinem Produkt landen lassen will. – „Sie nicht?“

Aber diese Landeanweisung macht sich ja ohnehin schon von selber lächerlich. Es gibt nämlich zwei Weißbiere aus Erding, und beide mit Hefe.

Nein, nein, wir meinen damit keineswegs den „Picantus“, diesen Weizenbock vom Erdinger Weißbräu, sondern das Hefeweißbier der Stiftungsbrauerei Erding. Das war allerdings für uns gar nicht so leicht zu bekommen: Rund um Erding herum waren wir nämlich immer wieder auf das Schild der Stiftungsbrauerei gestoßen. Da wir nun schon einmal in Sachen Weißbier unterwegs waren, hatten wir auch bei einigen dieser Wirtschaften angefragt, ob es denn ein Weißbier dieser Brauerei gäbe. Aber immer hatte die Antwort der ob dieser Frage reichlich verwirrten Wirtsleute gelautet, es gäbe zwar schon ein solches, man habe es aber nicht da, sondern eben nur das allbekannte „Erdinger Weißbier“. Wir sollten es doch bei der Brauerei selbst versuchen. Dazu kam es aber nicht – wir hatten nämlich damals Hunger! Ohne Frühstück und mit knurrendem Magen fanden wir noch dazu in Erding keinen Parkplatz, und so blieb uns damals auch die Ansicht des berühmten Kruzifixus von Leinberger in der St. Johann-Kirche Erdings erspart, die ansonsten ja so einfallslos auf gotisch getrimmt worden ist. Aber gewiß hätte uns auch dieses ausgehungerte Schnitzwerk des niederbayerischen Meisters nicht bis zur neunten Stunde in unserem Hungerleiden verharren lassen.

So kam es, daß wir schon fast glaubten, einem Phantom hinterherzujagen oder gar einer Verschwörung der

Wirte erlegen zu sein, als wir endlich – elf Monate später – in Pöttmes, 70 Kilometer Luftlinie von Erding, das Weißbier dieser Stiftungsbrauerei bekamen, das wir vom ganzen Charakter her am ehesten zu einem deftigen Essen trinken würden. Soweit also, in einer Art Vorgriff, zu den Erdinger Weißbieren, ihrer Verbreitung und Handhabung, sowie allgemeinen Wahrheiten über Zitrusfrüchte.

Nun aber zurück zu unseren ungefrühstückten Mägen, dem verregneten Samstagmorgen in Erding und dem Weg nach „Greabeck".

Die dortige Schloßwirtschaft kann man auch ohne die geringsten Vorkenntnisse finden. Sie liegt direkt beim ehemaligen Schloß der Grafen von Seinsheim, und die Weißbierbrauerei befindet sich gleich daneben.

Es ist auch noch eine pflanzengenetische Versuchsanstalt im Seinsheimschloß untergebracht, und als wir damals auf einem Feld daneben ungewöhnlich große Weizenähren sahen, haben wir das gleich als gutes Omen gedeutet. Nun mag es ja durchaus sein, daß es gar kein Weizen war, den wir da sahen, sondern etwas anderes – wir verstehen von der Landwirtschaft halt leider nicht so viel wie von den übrigen Wirtschaften. In jedem Fall aber hat das „Weizen" der Grünbacher Brauerei unsere Deutung voll bestätigt: Es hatte sehr viele Hefe und Kohlensäure, die sich beide exzellent vertrugen und eine starke, hellgelbe Trübung erzeugten. Im Geschmack war es herb und spritzig. Damit gehört dieses Grünbacher Weißbier zwar nicht zu den Bieren, die man schnell trinken kann,

aber es besteht kein Zweifel an seiner ausgezeichneten Verträglichkeit. Im Geruch herrscht ein angenehmes, leichtes Hefearoma vor.
Neben diesem „Alt-Weizen-Gold“ stellt die Brauerei noch einen hellen Hefe-Weizen-Bock her, der nach unserem mittlerweile doch fundierten Wissen der einzige Vertreter dieser Gattung ist. Er gehört mit ziemlicher Sicherheit zu den stärksten Bieren, die im freien Handel erhältlich sind, und wird wohl deswegen vornehmlich in 0,33-Liter-Flaschen verkauft, zu denen es auch eigene Gläser gibt. Auf jeden Fall empfiehlt sich vorher eine kräftige Brotzeit!
Am stärksten haben uns aber damals die Gläser und Etiketten beeindruckt. Wirklich ein Jammer, daß sie nach unserem ersten Besuch umgestaltet und ausgemustert worden sind! Jetzt sind sie nämlich vergleichsweise schlicht, aber damals – was hätten wir gegeben, diese Gläser zu besitzen: Leuchtendes Hell- und Dunkelgrün mit Goldprägung und als Krönung ein Faksimile von Benno Scharl, jenem Braugenius, der nicht nur der Seinsheimschen Brauerei zu hohem Ansehen verhalf, sondern der schon ein Jahr nach dem Tode des verhaßten Preußenkönigs begann, Bayern nach seiner eigenen Façon bierselig zu machen. Zumindest eines seiner grundlegenden Werke ziert heute noch die Regale jeder ordentlichen Bierothek.
Benno Scharl kam an einem herrlichen Föhntag im Juni 1741 als Sohn eines schon siebzigjährigen Gastwirts in Seefeld auf die Welt, in jenem Ort am Pilsensee, wo man

sich entscheiden kann, ob man hinuntergeht an den Ammersee oder am Törringschloß vorbei hinaufsteigt auf das sanfte Hügelland hinter Drößling, den schönsten Weg nach Andechs, den es gibt. Aber die Andechser Mönche hatten sich schon seinen jüngeren Bruder Placidius geholt, und da sollte der Bub erst einmal etwas Gescheites lernen, bevor die Familie durch zuviel G'studierte kopflastig würde. So wurde er mit 16 Jahren nach München in die Lehre geschickt, zum Faberbräu, wo es ihm aber schon bald recht langweilig wurde. Kein Geringerer als Johann Michael Sailer hat uns Benno Scharls Leben überliefert, Sailer, der spätere Bischof von Regensburg und der Professor, der aus dem Studenten Ludwig einen König Ludwig I. gemacht hat, der mehr sein wollte als ein bloßer „Unterschreiber".

Der große Gelehrte erzählt weiter über seinen Freund Scharl: „Nach seinen drei Lehrjahren blieb er mehrere Jahre bei seinem Lehrherren im Dienste, bis in ihm der Wunsch rege ward: wenn ich nur in das Bräuhaus der Jesuiten kommen könnte! Sein Gesuch ward erhört." Nach einiger Zeit „entwickelte sich in ihm das Verlangen, in den Orden der Jesuiten aufgenommen zu werden." Kaum eingetreten, wurde er als Novize viel herumgeschickt, lernte Kochen und Hausverwaltung, und erwarb sich bald einen so guten Ruf, daß er nach der Aufhebung des Jesuitenordens sofort einen Posten in der freien Wirtschaft bekam: Man holte ihn nach Ingolstadt, wo er zehn Jahre lang drei Bräuhäuser und etliche Landgüter unter sein Regime nahm, bis er sich schließ-

lich so überflüssig vorkam, daß er ein Angebot der Malteser aus Ebersberg annahm, wo ihm ähnliche Aufgaben winkten.
Doch hier machte ihm Graf Seinsheim schließlich ein Angebot, das er nicht ausschlagen konnte: Nach kurzem Kennenlernen auf Schloß Sünching ließ er dem 36-jährigen Scharl völlig freie Hand bei der Verwaltung des Schlosses und Gutes zu Grünbach. Hier vollendete sich Scharls Lebenswerk: Er führte die Gutsgeschäfte mit der linken Hand und warf sich mit voller Energie auf den Bau einer neuen Brauerei. Als der Siebzigjährige am 2. März 1812 zum letzten Mal die Augen schloß, war die halbe Brauwelt in Grünbach gewesen, um seine neuen Techniken zu studieren. Benno Scharl gilt heute unumstritten als der Schöpfer der modernen Braukunst.
Graf August von Seinsheim hat uns ein schönes Porträt von ihm gemalt: Da ist er mit hoher Stirn und dem Blick in die Ferne so gar nicht der zupackende Organisator, der er in Wirklichkeit gewesen war. Aber erst recht kein kleiner Privatbräu, der nur im eigenen Sudkessel schabt! Aber woran liegt es denn nun, daß das Andenken an diesen großen bayerischen Braupionier inzwischen buchstäblich von den Gläsern gewischt worden ist?
Das kann nicht daran liegen, daß man in Grünbach den Scharl nicht ehren würde: Im Gegenteil, an jeder Ecke findet man dort einen Hinweis auf ihn. Aber auf so ein Weißbierglas paßte seine Unterschrift wohl doch nicht so recht, denn obwohl es eine von Scharls Taten war, die Hefezüchtung nicht mehr dem Zufall zu überlassen, hat

er mit dieser Hefe wohl keinen Tropfen Weißbier eingebraut, dafür aber hektoliterweise untergäriges Braunbier. Darum lautet auch der Titel seines Hauptwerks: „Beschreibung der Braunbier-Brauerey im Königreiche Baiern."

Zum Glück steckt hinter dem Wegwischen Scharls von den Gläsern also doch keine Frankfurter Großbrauerei, wie uns die Kramersfrau in Grünbach weismachen wollte, dieselbe Kramersfrau, bei der man sich den Schlüssel der Kirche von Grünbach holt. Denn bevor die Frankfurter sich einkaufen konnten, hat ein Münchner Arztehepaar die Brauerei unvermutet geerbt und beweist eine sehr glückliche Hand in der Geschäftsführung. Auch den richtigen Wirt für die Schloßwirtschaft hat man jetzt gefunden.

Den hätte es halt schon früher gebraucht. Aber als wir damals das erste Mal hinkamen, war es schon seltsam: Die schönen Gläser wären ja noch dagewesen. Aber der Wirt . . . nein, das kann kein Wirt gewesen sein!

„Ui, des schaumt ja!" kann unmöglich der Ausspruch eines erfahrenen Weißbierwirts sein: Ein Zentimeter Bier auf zwanzig Zentimeter Schaum würde selbst auf der Wies'n einen Aufstand hervorrufen!

Nun ist es ja mit dem Weißbiereinschenken eine eigene Sache. Wir kennen selber auch keine todsichere Methode. Manch ein Weißbier muß man wie Wasser ins Glas schütten, damit es überhaupt schäumt. Aber in der Regel bringt doch die Kohlensäure nicht nur das Bier, sondern auch das Gemüt dessen zum Überschäumen,

dem es an der nötigen Ruhe beim Einschenken fehlt. Pressieren soll's also nicht, meinen wir.
Wir lehnen nämlich die Schnelleinschenkmethode vieler Schankkellner mit gutem Grund ab. Diese im ersten Moment verblüffende Technik besteht darin, daß man eine Flasche rasch und beherzt bis auf den Grund des Glases hineinschiebt und beim Herausziehen die Öffnung immer unter dem Bierspiegel hält. Dadurch kann man zwar das Überschäumen tatsächlich fast vermeiden – was aber passiert dabei zwangsläufig?
Beim bayerischen Hefeweißbier befindet sich ja am Flaschenboden ein häufig ziemlich zäher Hefesatz. Dieser kann nur durch geduldiges Schütteln in einem Rest von Bier vom Flaschenboden gelöst und in feine Partikel zerteilt werden. Wenn man nun das Weißbier auf einmal abrupt ins Glas schüttet, wird die Hefe in großen Brocken aus der Flasche herausgerissen, die weder ästhetisch noch wohlschmeckend sind.
Hat sich dann aber nach einer Weile die Kohlensäure beruhigt, sinken diese Hefeteile auf den Grund des Glases, entfalten ihren feinen Geschmack nicht und führen nicht zu der charakteristischen Trübung des Weißbiers, die das Licht so schön bricht.
Nach unserer Erfahrung muß zunächst einmal das Glas sauber und gut gekühlt sein. Dann lassen wir das Weißbier bis auf einen kleinen Rest langsam in das schräggehaltene Glas rinnen. In diesem Rest wird nun durch kräftiges Schütteln oder Schwenken der Flasche der Hefesatz gelöst. Das Ganze gibt man dann ins Glas

und wartet noch ein bißchen, bis sich die Hefe gleichmäßig im Bier verteilt hat.
Wie gesagt, diese Methode ist nicht für alle Weißbiere am besten geeignet, aber man kann damit wenigstens nichts verderben.
Nun aber zurück zu dem damaligen Weißbierschenk von Grünbach, der durch uns offenbar zu seinem ersten Erlebnis mit Weißbier überhaupt kam. Als er es endlich ins Glas hineinpraktiziert hatte und wir ausgiebig Brotzeit gemacht hatten, war unser Programm eigentlich beendet. Das Weißbier hatten wir – was jetzt?
Es schien uns langweilig, denselben Weg wieder zurückzufahren. Da zog Hamp eine 1:100000er-Generalkarte von Oberbayern aus der Tasche, entfaltete sie und fing mühsam an, sich zu orientieren: „So, wo san ma?"
Und damit kam die Kultur ins Spiel.
Auf dieser Karte waren nämlich besondere Sehenswürdigkeiten mit einem lila Punkt gekennzeichnet. Diese lila Punkte sind es also, die letztendlich die Verantwortung für dieses ganze Buch tragen, wohingegen uns selber kaum eine Schuld trifft. Trotzdem kann es aber nur ein Wink des Schicksals gewesen sein, daß wir hinüber nach Isen gelenkt wurden, denn ebensogut hätten wir uns für die Gegend nördlich der B 388 entscheiden können.
Doch nicht die Marienwallfahrt in Thalheim zog uns an, sondern das schon vom Namen her uralt klingende St. Zeno-Münster von Isen im Isengau. Irgendwie witterten wir wohl schon Weißbier: Mönche und Braukunst, das waren halt Begriffe, die uns benachbart erschienen.

Jetzt könnte ja der Leser fragen, was denn mit Oppolding war, das doch nur einen einzigen Kilometer von der Grünbacher Brauerei entfernt liegt?

Ganz einfach: es war auf unserer Landkarte nicht als Sehenswürdigkeit ausgewiesen. Darum finden sich unsere Namen im Gästebuch des Kircherls erst ein volles Jahr später.

Der Leser kann es nachprüfen, und er sollte es: Georg Lohmeier, der sich nun wirklich gut auskennt in Bayern, nennt die Oppoldinger St. Johann-Baptist-Kirche unverblümt „das Schönste vom Schönen", und die herrliche Rokokokanzel, deren Schalldeckel weiß aus der Wand hervorgischtet, charakterisiert er unnachahmlich als „erstarrte Mozart'sche Musik".

Sie ist, wie man neuerdings weiß, das Meisterwerk des Johann Anton Pader aus Dorfen, und ein Kunstkenner hat einmal gesagt, wer immer der Schöpfer dieser Kanzel war, er müsse jedenfalls betrunken gewesen sein.

Um die Kirche gibt es keine Wege, kein Pflaster, keine Kiesel, und wie auf einem Teppich geht man durchs weiche Gras in die weit offene Kirche hinein.

Es ist ein schlichter, heller Raum, der einen augenblicklich für sich einnimmt. Den besten Überblick hat man von der Empore aus, wo man gleich hinaufsteigt. Dann wächst einem die weiße Stuckkanzel aus der Wand entgegen. Eine solche Kanzel braucht wahrhaftig keinen wortgewaltigen Prediger, wie überhaupt die Kirche nicht viele Worte nötig hat. So genügt auch ein schlichtes

Dankeschön, das man neben viel Prominenz in dem aufliegenden Besucherbuch vermerken kann.
1756 war die Kanzel fertig, 1764 dann die ganze Kirche. Eine merkwürdige Zeit: Der Preußenkönig zog Europa in den Siebenjährigen Krieg, in Oppolding baute man an einem kleinen Kirchlein. . .
Ein leises Kircherl in einer lauten Zeit. Und es ist gut, daß es keinen lila Punkt auf der Karte bekommen hat. Der Lärm von Omnibustouristen würde es nur stören, und die Wiese, die ein alter Bauer voller Liebe pflegt, wäre sicher bald zertrampelt.
Wer weiß, vielleicht lag gerade in der Schlichtheit eine Absicht der Erbauer, vielleicht wollte man den Kontrast zu der nahen Wallfahrtskirche Maria Thalheim, wo man eine Menge Geld hatte, das für Prunk und Plunder ausgegeben wurde. Ja, man hatte in Thalheim derartige Einnahmen, daß sich im Jahre 1753 ein Barüberschuß von 70000 Gulden einstellte.
Doch dementsprechend wurden die reichen Thalheimer dann eben zur Kasse gebeten, als man auch hierzulande in einen Krieg gezogen wurde: Eineinhalb Zentner Silber mußten sie dem Staatssäckel ausliefern, und selbst die prächtige Monstranz wäre nun buchstäblich verpulvert worden, wenn nicht der Thalheimer Wirt Kastulus Graßl eingesprungen wäre, um sie mit seinem Privatvermögen auszulösen.
Freilich wird es ihm nicht allzu schwer gefallen sein, dem Kastulus Graßl, die Wallfahrt zu retten, denn Wallfahren macht recht durstig. Noch dazu bei den ungeheueren

Wartezeiten, die es in Thalheim vor den Beichtstühlen gab. Die wurden so von den Pilgern bestürmt, daß sich noch am 15. August 1839 zehn Beichtväter vom frühen Morgen bis zum späten Nachmittag hinsetzen mußten, um die Reue der Sünder anzuhören.
Bei einem derartigen Feiertagsgeschäft wird dem Kastulus das Verbot der Wallfahrerei an Werktagen ziemlich wurscht gewesen sein.
Den Oppoldinger Bauern war ein solcher Rummel wohl nicht recht geheuer. Und so liegen sie noch heute ungestört in ihren einfachen Gräbern rund um ihre Kirche, und die wenigen Besucher, die kommen, lohnen nicht einmal eine Wirtschaft. Außerdem ist es ja nach Grünbach auch nicht weit.
Nun, und allzu weit ist es auch nicht nach Isen, wohin uns das Schicksal von Hamps Karte verschlagen hatte. Diesmal war es zunächst kein Weißbier, was wir suchten, sondern das dortige St. Zeno-Münster, was uns dazu brachte, in der erstbesten Wirtschaft von Isen danach zu fragen.
Wir hielten also vor dem Brückenwirt in Isen an, und der Michael verschwand für eine Weile in dem alten Gebäude. . . „Du, Hamp, da drin gibt's a Hefeweißbier von einer Brauerei ‚Schnellinger' aus Isen. Und stell' Dir vor, des verkaufen's noch in den alten Bügelverschlußflaschen!" – „Ja, und wo hast Du's?" – „Das ist ein bisserl merkwürdig. Der Wirt spielt grad Karten. Geh doch mit rein!"
Beim Brückenwirt hatte der Sparkassenverein von Isen

seinen Stammtisch. Und wie tief die Sparsamkeit in dieser Wirtschaft verwurzelt war, sollten wir bald erfahren. Als wir eintraten, hatte der Wirt gerade ein Spiel gewonnen, und wir baten ihn gleich um zehn Flaschen Weißbier zum Mitnehmen. Der alte Mann schlurfte bereitwillig zum Kühlschrank und brachte das Gewünschte herbei. Aber da beging der Hamp einen offensichtlichen Fehler: Noch bevor es ans Zahlen ging, fragte er nämlich nach dem Kloster von Isen. Von St. Zeno wußte der Wirt zwar nicht das Geringste, aber er hatte natürlich sofort gemerkt, daß wir keine Hiesigen sein konnten und fragte mißtrauisch: „Wo kommt's denn Ihr her? Ihr seid's doch net z'Isen dahoam! Wie krieg' ich denn da meine Flasch'n z'ruck?" Als wir ihm dann gestehen mußten, daß wir in München daheim seien, sahen wir unsere Chancen auf das Weißbier schon völlig dahinschwinden, so mißtrauisch runzelte der Wirt die Stirn. Aber es war nicht etwa eine schlagfertige Notlüge, als der Michael schnell meinte, wir würden sowieso bald wieder nach Isen kommen, und ihm die Flaschen ganz bestimmt zurückbringen. Es war einfach selbstverständlich für uns, daß er sie zurückbekommen mußte: Denn wohin sollte der Schnellinger-Bräu sonst sein Weißbier abfüllen? So gewannen wir offenbar das Vertrauen des Wirts und als sein Wechselgeld nicht paßte, weil er die Zehnerl noch zum Kartenspielen brauchte, gab er uns stattdessen ein paar Semmeln mit. Natürlich kamen wir wieder, zwei Monate später schon. Aber da haben wir die Flaschen gleich zur Brauerei zurückgebracht, damit sie uns schneller wieder gefüllt würden. Dabei haben wir auch den Herrn Schnellinger selber kennengelernt: Die Brauerei hat sein Großvater 1897 gegründet, und auf die Frage nach der Rezeptur seines Weißbiers meinte er nur: „Ja mei, irgendwie is' allerweil schon so g'macht wordn." Die einzigen Unterschiede wären wohl die, daß heutzutage eine elektrische Kühlanlage die Eiskühlung abgelöst hat und daß eine Weihenstephaner Reinzuchthefe dem Weißbier längere Haltbarkeit verspricht.

Wir haben den Schnellinger natürlich auch gefragt, ob seine alten Bügelverschlußflaschen irgendeinen Vorteil hätten. „Daß' halt heutzutag verlangt werdn", hat er gsagt, „daß ma s' G'schäft machen damit, – die Nostalgiewelle und so weiter, oder?"

Etiketten für seine Flaschen hätte er zwar schon, aber meistens spart er sich die zusätzliche Arbeit, weil er sein Bier sowieso nur im Einzugsgebiet von Isen vertreibt.

Aber zurück zum Brückenwirt. Bei dem hatten wir ja das „Schnellinger" erst kennengelernt.

Dieses Weißbier kann man ohne Einschränkung als wirklich hervorragend und unverwechselbar bezeichnen. Es ist hellgelb und stark hefetrüb mit wenig Kohlensäure. Und selbst gegen die pralle Sonne gehalten sieht man die Finger auf der anderen Seite des Glases nicht durch. Die reichliche Hefe macht sich unserer Ansicht nach überhaupt nicht störend bemerkbar, und das Weißbier schmeckt so richtig g'sund. Man muß nicht, aber man kann viel davon trinken. Nicht zuletzt eignet es sich sehr gut zum Russ'n, was für ein Weißbier mit so viel Hefe ungewöhnlich ist: Ein hefetrüber Russ' ist ein seltner Genuß!

Als wir erst einmal das Schnellinger Weißbier in unseren Besitz gebracht hatten, fühlten wir uns auch alleine imstande, das St. Zeno-Münster zu finden. Isen ist nämlich rund um einen Hügel gebaut, und selbstverständlich thront die ehemalige Klosterkirche ganz oben in der Mitte des Orts.

Es ist ein alter, gotischer Backsteinbau, bei dem der Baumeister den Freisinger Dom zum Vorbild nahm, ohne jedoch dessen Bauumfang imitieren zu wollen. Der Altar ist nach dem sogenannten „Arche-Noah-Prinzip" eingesetzt: er „schwimmt" über dem übrigen Kirchenraum.

Und wenn man das Innere dieser Arche erforscht, gelangt man unvermittelt in eine romanische Krypta, einen gedrungenen Raum, den nur ein trübes Licht erfüllt. Kurzhubige, massive Pfeiler tragen das Gewölbe, als wären es die Kolben eines riesigen Schiffsdiesels, die einen Takt stampfen, der in Jahrhunderten gemessen wird. Man spürt, daß der Altar, der über einem solchen Gewölbe ruht, für diese Krypta keine Last sein kann. – Mitten in Isen, in der Tiefe der Krypta, eine völlig andere Welt.

„Hier traut sich natürlich keiner runter!", murmelte der Michael.

Und wirklich, der lila Punkt auf der Karte erschöpfte sich für die anderen Besucher lediglich in einem Rundgang im

oberen Schiff des Münsters, während sie den tragenden Grund der Arche buchstäblich übergingen.
Uns muß der Abstieg in diese Krypta irgendwie das Zeitgefühl genommen haben: Denn die Erinnerung an den Weg von Isen nach St. Wolfgang ist uns entschwunden. Nur so ist es erklärlich, daß wir noch lange Zeit herumerzählten, es gäbe in Isen zwei Brauereien mit vorzüglichen Weißbieren, den Schnellinger- und den Bauerbräu. Von dieser Vorstellung waren wir so befangen, daß wir bei unserem zweiten Besuch eine gute halbe Stunde beharrlich nach dem Bauerbräu in Isen suchten, bis uns ein altes Ehepaar endlich über unseren Irrtum aufklärte: „Der Bauerbräu is z' Wolfgang, net z' Isen. Des wiß ma ganz genau, wir san ja hier gebor'n."
Beim ersten Mal sind wir jedenfalls irgendwie zum Bauerbräu gelangt.
Vielleicht sind wir auch nur den Brieftauben gefolgt, die der dortige Wirt mit großem Erfolg züchtet: Zahlreiche Urkunden im Bräustüberl künden von gewonnenen Wettbewerben. Er scheint uns überhaupt nicht nur mit Bieren, sondern auch mit Tieren eine glückliche Hand zu besitzen, weil ihm beim Kassieren ein Schäferhund assistierte, der Geldstücke fangen konnte.
Sein „Bauer Weizengold-Goldach-Perle" hatte wenig Kohlensäure und ebensowenig Hefe. Es war vollkommen ausgewogen, schmeckte und roch aber trotzdem kräftig nach Hefe. Wir fanden es zwar sehr süffig, aber nicht besonders erfrischend.
Wie man vom Wirtshaus zur Kirche kommt, braucht

man im Dorf des Heiligen Wolfgang nicht zu beschreiben. Denn der Kirchturm ragt gute 70 Meter in die Höhe und ist nicht zu übersehen. Die dazugehörige Kirche stammt aus der Spätgotik, aber sie hat uns nicht sonderlich beeindruckt. Weil wir uns den lila Punkt auf der Karte selbst nicht so recht erklären konnten, versuchten wir es mit einem Kirchenführer, der ausgelegt war. Und der Hamp las vor: „Zwischen 1477 und 1484 entstand die heutige Kirche, gestiftet vom Grafen von Haag zu Frauenberg. . ." – „Moment amal!" und während Hamp sich mühte, den lila Punkt wenigstens mit Hilfe des Führers zu entdecken, war der Michael schon zum Auto gelaufen und kam mit einer der „Schnellinger"-Flaschen zurück: „Weißbräu Unertl – Haag", stand da unbezweifelbar auf dem Schnappverschluß der Flasche.

Darauf blickte der Hamp nur noch einmal mitleidig in den Führer und bemerkte lapidar: „Die Orgel hier ist von 1937, die Flasche da ist wahrscheinlich älter. Also!"

Nichts wie hin nach Haag, diesen „Unertl" suchen. Denn so ein Name verbürgt wie kaum ein anderer altbayerische Tradition:

Wer Altmünchner Schaudergeschichten kennt, wird die erschröckliche Geschichte von der Hinmordung des Hauptmanns Freiherr von Unertl durch die nächtlichen Fehmerichter Karl Theodors gehört haben, wer in Schliersee die Kirche besucht hat, wird an den prächtigen Bruderschaftsaltar denken, den Cajetan von Unertl gestiftet hat, aber der naheliegendste Gedanke gilt wohl dem Baron Franz Joseph von Unertl, dem Geheimen Rat

und Konferenzminister der bayerischen Kurfürsten Max Emanuel und Karl Albrecht.
Zuerst war da von einem Aufstieg ins Adelsregister nichts zu ahnen, als die Brucker Bierbrauerstochter Maria Regina Unertl, geb. Mezger, im Februar 1672 ihren Franz Joseph zur Welt brachte. Nach vier Jahren Ehestand mit dem Sekretär Georg Unertl war der Franzl ja nicht das erste Kind, und es sollten insgesamt dreizehn werden. Da wundert es auch nicht, daß außer den beiden Politikern Franz Joseph und Johann Benno heute nur noch der Propst von Kloster Burgholz der Überlieferung ein Begriff ist, der den langatmigen Namen Joseph Ignatius Franziskus von Paula Wolfgang von Unertl durch die Geschichte gezogen hat. Dagegen redet von den Geschwistern der drei Brüder heute kein Mensch mehr, sie gingen gewöhnlichen Berufen nach und bekamen vom Verdienstadel der Brüder nichts mit.
Der Franz Joseph Unertl aber hat es gleich bis zum Baron gebracht, und das ist kein Wunder bei seinen Leistungen: Zuerst einmal hat er Max Emanuels geheimes Staatsarchiv über alle Kriegswirren hinweggerettet und hat als Dank dafür sogar die Kirche von Schönbrunn bei Dachau gestiftet. Später war er dann unter Karl Albrecht Konferenzminister und kämpfte ein Leben lang gegen den Krieg und den Versuch, Bayern zu einer europäischen Großmacht aufzublähen. Mit letzter Kraft überstieg der 70jährige Unertl die Mauern von Schloß Nymphenburg, klomm die Fassade zum Konferenzsaal empor und warnte den Kurfürsten durch das eingeschla-

gene Fenster vor dem Grafen von Törring-Jettenbach, dem Kriegstreiber, der Unertl von der Konferenz hatte aussperren wollen.
Beides ohne Erfolg, die Aussperrung und Unertls Warnungen. Karl Albrechts Großmachtträume endeten erst, als sinnlose Ströme von Blut durch Europa geflossen waren. Unertl kam zwar erneut zu Ehren, starb aber einsam und enttäuscht fast fünf Jahre nach seinem Kurfürsten, der sich gegen Unertls klugen Rat und Maria Theresias wütende Pandurenheere zum Kaiser hatte krönen lassen. 1750 ist Franz Joseph von Unertl an der Morgenseite des Münchner Doms begraben worden.
Wir dachten damals natürlich nicht so sehr an diesen Franz Joseph Unertl, sondern an dic überlebende Linie der Unertl: „Irgendeins von den dreizehn Kindern muß doch amal in die Brauerei der Mutter eingesprungen sein!“ sagte der Hamp vor sich hin, und wir waren beide gespannt, ob auch heute in Haag noch ein Unertl den Maischbottich rühren würde.
Da kam auch schon Schloß Haag mit seinem malerischen Turm in Sicht, und gleich daneben rauchte der Schlot eines Brauers. Aber es war nur die Moybrauerei aus Freising, die hier eine Großbrauanlage für sogenanntes Kristallweizen installiert hat, mit dem sie angeblich rund sechzig andere Brauereien beliefert.
„Oh weh!“, dachten wir, als wir ganze Stapel von diesem hefefreien Filtrierbier herumstehen sahen, „da hat der neumodische Geist wieder einmal kräftig zugelangt in Haag.“ Denn wir wußten noch aus dem Geschichtsun-

terricht, daß man in Haag den ungewissen Neuerungen des Zeitgeistes schon immer mit emsiger Aufgeschlossenheit entgegengekommen ist.
Haag ist nämlich früher eine freie Reichsgrafschaft gewesen. Das merkt man noch heute daran, daß der Ort sich nicht etwa um ein Kloster, sondern um eine Burg herum gebildet hat, deren schöner Turm noch heute das Wahrzeichen der Stadt darstellt.
Aber dann ist im Jahre 1556 der Reichsgraf von Haag, Ladislaus von und zu Frauenberg, mit Feuereifer auf die Seite der Lutheraner getreten. Er nahm eine badische Prinzessin zur Frau und machte seine Grafschaft zu einer Brutstätte der Reformation. Ladislaus jagte die Pfaffen davon, verrammelte die Klöster und sperrte eine Wallfahrt nach der anderen zu. Doch dann starb er kinderlos, und die katholischen Wittelsbacher unter Herzog Albrecht übernahmen die Herrschaft über das gebeutelte Land.
Schon 1571 wurde die Erlaubnis des Laienkelchs widerrufen und die Riegel vor den Klostertoren zurückgezogen. . .
Die bayerischen Wittelsbacher haben sich gegen Luther entschieden. Das war keineswegs selbstverständlich, denn nicht nur die Protestanten hatten erkannt, daß man die alte Kirche nicht einfach wiederherstellen konnte. Schließlich gärte im ganzen Land die Unzufriedenheit. Schon 1525 hatten die Bauern sich mit Mistgabeln und Dreschflegeln über das Kloster Steingaden hergemacht und es in ein „Brandstift“ verwandelt. Den einfachen

Mann haben eben nicht die theologischen Streitigkeiten geniert, sondern die unbeschreiblichen Zustände in manchen Klöstern und das unverschämte Treiben von Geistlichen. Da hielten Priester sich Konkubinen, es wurde gar mancher Kirchenschatz vor den Augen der tributpflichtigen Bauern in den Wirtshäusern verpraßt, und gewisse Äbte konnten noch nicht einmal das lateinische Meßbuch lesen. Und weil meistens die schlechten Beispiele Geschichte machen, waren die Säulen der alten Kirche morsch geworden, und viele waren eh schon eingestürzt. Das wußte jeder im Lande.

Da gab es auch in Haag ein Aufflackern des Bauernprotestes: Am 10. Januar 1596 mußte der Herzog seine Truppen auf die Umtreiber werfen. Dem offenen Aufstand und der Gewalt ist nämlich auch in Bayern die Obrigkeit stets energisch entgegengetreten. Auch hierzulande wurde die Gegenreformation gelegentlich mit dem Degen ausgefochten. Aber nach und nach gelang es doch, die übermäßige Gärung in eine langsame Reifung zu verwandeln, in die bayerische Art der Gegenreformation, in der das Gemütliche die Gewalt mit aller Fröhlichkeit hinausschubste, so wie die unzähligen bayerischen Engerl pausbäckig den Tod aus der Kirche hinausblasen. „So mußte auch in der Gegenreformation die neue Lehre nicht von Dragonern zum Lande hinausgeritten werden, sondern der hochkommende Barock zog das Volk ganz von selber in die alte Kirche zurück.", schrieb Benno Hubensteiner in seiner unnachahmlich plastischen Ausdrucksweise.

Und weil viele alte Kirchen neu zu polieren waren, haben sich die Herzöge auch noch den „Weißbierpfennig" einfallen lassen: Hier floß für jedes verkaufte Faß Weißbier ein Steuerpfennig in die Kassen der Kirchenbauer. Man kann sich vorstellen, daß dadurch schon bald hohe Beträge zusammenkamen und sieht daran, wie nicht zuletzt das Weißbier zum triumphalen Sieg der Gegenreformation in Bayern wesentlich beigetragen hat: Die Hefe des Weißbiers half der Hefe im bayerischen Volk, den Klöstern und Kirchen. Daß das Ganze auf Gegenseitigkeit beruht, brauchen wir wohl nicht besonders erwähnen. Schließlich verdankt ja nicht nur die Bau-, sondern auch die Braukunst den Klöstern nicht nur Kleinigkeiten.
Mit Unterstützung des Weißbierpfennigs wurde repräsentiert und gebaut, bis sich buchstäblich die Balken bogen: In Mühldorf fiel sogar einmal die Kirche zusammen, weil das alte Gemäuer die dauernden Umbauten nicht mehr ertragen wollte. Doch vier Jahre später stand schon die neue Kirche da.
So hat man in ganz Bayern die Säulen der alten Kirche allmählich wieder aufgerichtet. Selbst im aufständischen Haag wurden da die glücklosen Rebellen nicht gleich vor den Richter gezerrt: Der Hof schickte ihnen ganz einfach eine formlose Rechnung über 624 Maß Wein der besten Sorte, die des Herzogs Truppen nach dem Haager Scharmützel versoffen hatten. Und wie man bezahlt hatte, war alles vergessen. . .
„So wirds dem Filtrierbier auch einmal gehen", erklärte

der Michael, und zur Entschuldigung der Brauerei Moy sei immerhin gesagt, daß diese neben dem hefelosen auch noch ein sehr stark hefiges Weißbier herstellt, auf das wir aber erst im Kapitel über Freising zu sprechen kommen, weil es eigentlich dort beheimatet ist. Und überhaupt hat so eine Wanderbrauerei nichts von der Bodenständigkeit eines Unertl, noch dazu, wenn sie, wie der Moy, aus einer Bischofsstadt ins reformationsgeprägte Haag verschlagen wird.

Den „Weißbräu Unertl" gibt es also tatsächlich noch. Und ein Staplerfahrer beim Moy hat uns nicht nur verraten, daß wir ihn in einer unscheinbaren Nebenstraße finden würden, sondern auch, daß der Unertl bis vor etlichen Jahren noch die Hälfte seiner Produktion direkt an den Moy verkauft hat, bis die Freisinger Direktion auf einmal beschloß, es selber mit dem Weißbier zu versuchen.

„Ja mei", erzählte er, „damals hätt's den Unertl beinah' derbröselt. Da ham's den Junior gleich aufs Gymnasium g'schickt, weil niemand g'wußt hat, wie lang's no geht. Aber so einen Unertl haut's so leicht net aus der Bahn, des werd's scho sehn. Der hat ja nach dem Krieg mit am 300-Liter-Wurschtkessel zum Bierbrauen ang'fangt, den er sich vom Metzger ausg'liehen hat."

Soweit die Sicht der Konkurrenz, die unseren Wissensdurst geradezu zum Durscht steigerte.

Trotz der genauen Beschreibung wären wir aber an dem unauffälligen Brauerei-Imperium Unertls glatt vorbeigefahren, wenn nicht am Straßenrand einige Biertragl

gestanden hätten. Wir hielten also an, stiegen aus und begannen uns umzusehen. Doch während der Hamp noch die Kästen untersuchte und dabei die verschiedenartigsten Flaschen herauszog, ertönte es schon hinter uns: „Aha, kommt's Ihr vom Roy Black?"
Noch heute wissen wir nicht, was dieser kleine, freundliche Mann – es war niemand anders als Herr Unertl senior persönlich – mit dieser Bemerkung gemeint haben könnte. Denn mit Roy Black wollen wir uns natürlich ganz und gar nicht vergleichen; wir sehen dem sympathischen Sänger ja beide weder ähnlich, noch kennen wir ihn persönlich – aber vielleicht sahen wir angesichts unserer Entdeckung so aus, als wollten wir gleich dessen Erfolgsschlager „Ganz in Weiß" anstimmen?
Wenn wir uns auch darüber nicht im klaren sind, über die Qualität des Unertl-Weizenbiers aus Haag gab und gibt es bei uns keine Unklarheiten. Um es gleich vorweg zu sagen: das Unertl nimmt unter all den Hefeweißbieren, die wir gefunden und getrunken haben, eine Sonderstellung ein, und das in vielerlei Hinsicht. Fangen wir also einmal mit dem an, was den Leser wohl am meisten interessieren wird, dem Geschmack. Das Unertl stellt die nahezu perfekte Kombination von leichter Malzsüße und wenig Kohlensäure dar. Das merkt man schon beim Einschenken: es ist von sehr schön kräftiger brauner Farbe und fließt mühelos ins Glas. Die Hefe ist sehr mild, und in einer Menge vorhanden, die das Bier angenehm süß und sehr ausgewogen läßt, ohne es jedoch stark zu trüben. Es ist unerhört süffig: wir haben selbst miterlebt,

wie einige erklärte Weißbiergegner Mengen davon tranken, die ihnen selbst unglaublich vorkamen.
Man kann auch einen sehr guten Russ'n damit machen, der dann natürlich besonders süß ist. Dabei sollte man allerdings nicht die ganze Hefe miteinschenken.
Das Unertl ist sowohl in alten Bügelverschlußflaschen als auch in Euroflaschen erhältlich. Über die erstaunliche Vielzahl seiner Etiketten wollten wir uns ursprünglich einmal auslassen. Aber nachdem sie die andauernd ändern. . .
Eigenwillig sind auch die Gläser. Früher waren sie dick und schwer, heute haben sie sich der marktüblichen Form angeglichen, aber noch immer zeigen sie den Haager Schloßturm und darunter zwei gekreuzte Weizenähren. Die Aufschrift ist ebenso originell wie rätselhaft. Da wird ohne die geringste Anwandlung falscher Bescheidenheit jegliche Vergleichbarkeit des „Unertl" von vorneherein ausgeschlossen. „Gesünder – Hefe-Weizenbier – Weißbräu Unertl – Haag". Sprachliche Eigenheiten scheut man auch auf den Bierdeckeln nicht: „Edel-Weizen mit natürlicher Hefe-Flaschengärung – aus dem Spezialbetrieb, wo handwerkliche Braukunst seit Generationen auf dem speziellen Bereich des bayerischen Hefe-Weißbiers gewahrt werden." Diese kleinen grammatischen Lässigkeiten fanden auch eine gewisse Parallele in der legeren Handhabung der Brauereigeschäfte. So durften sich gute Kunden durchaus auch einmal selber ihren Kasten aus der Brauerei holen. Man mußte halt dann zur Frau Unertl hinaufgehen in den

ersten Stock und den entsprechenden Preis entrichten. Wenn man sich aber dann in der Brauerei nicht so recht auskannte, konnte man schon einmal einen Kasten mit saurem „Unertl" erwischen.

Und das ist eine weitere Besonderheit des „Unertl": Seit Generationen zeichnet es sich nicht gerade durch extreme Haltbarkeit aus. Sollte tatsächlich einmal der ungewöhnliche Fall eintreten, daß man einen Kasten nach einer Woche noch nicht getrunken hat, tut man gut daran, erst einmal an der Flasche zu riechen und im Zweifelsfall einen kleinen Schluck daraus zu nehmen. Denn saures Bier macht nicht gerade lustig.

Der Grund für dieses Sauerwerden sind die besonders von Weißbierbrauern so gefürchteten, ansonsten aber völlig unschädlichen Milchsäurebakterien, die nicht etwa ein Erbe aus dem Münchner Milchladen der Großmutter Unertl sind, sondern sich ganz allgemein in der obergärigen Hefe besonders wohlfühlen. Und weil die Brauerei Unertl ja weiß Gott alles andere als ein steriler Operationssaal ist, vermehren sich diese possierlichen Wesen hier wohl lieber als anderswo.

Doch der Herr Unertl weiß genau, daß sie sich selten schneller vermehren, als sein gutes Weißbier von den Kunden getrunken wird. Im übrigen ist das Reinheitsgebot ja nicht mit einem Reinlichkeitsgebot zu verwechseln, wie Pater Willibald aus Andechs einmal bemerkt hat.

Ja, und zum Christkindl braut der Herr Unertl für seine Kunden dann noch einen geradezu unglaublich süffigen

Weißbierbock. Natürlich einen mit Hefe. Über dessen Qualität wollen wir nichts weiter berichten als folgende Begebenheit.

Der Michael fuhr einmal kurz vor Weihnachten nach Haag, um für die bevorstehenden Feiertage Weißbier zu besorgen. Außerdem wollte er zum Jahreswechsel ein Tragl „Unertl“ nach Tirol mitnehmen, weil der durstige Skifahrer in unserem Nachbarland ja leider sehr lang nach Hefeweißbier Ausschau halten muß.

In Haag stellte er dann zu seiner Überraschung fest, daß eben auch dieser Bock angeboten wurde. Und so beschloß er, das Angenehme mit dem Nützlichen zu verbinden, weil er sowieso noch kein Weihnachtsgeschenk für den Hamp hatte. Außerdem würde der ja ohnehin beim Skifahren dabei sein. . .

Daheim band er dann noch um jeden Flaschenhals ein weißblaues Schleiferl.

Hamp aber lag noch im Bett, als der Michael am frühen Vormittag des Heiligen Abend bei ihm erschien, das gewichtige Geschenk in den Händen. Der Michael hatte wohl vergessen, daß der Hamp in den Weihnachtsferien bei der Post arbeitete und deswegen erst nach der Nachtschicht ins Bett gekommen war. So war er zuerst ziemlich grantig, der Hamp, über die zwar schöne, aber doch sehr frühe Bescherung. Aber dann bemerkte er trotz seines schlaftrunkenen Zustands die nett dekorierten Flaschen und fragte verwundert, wie viele Etiketten der Unertl denn noch für das gleiche Bier verwenden würde.

„Geh! Schaug doch amal genau hin, mit Deine tramhapperten Augen!!“ – „A Bock???“ – „Ja, Hamp, a Bock, äh, ich hab’ halt bloß des Gefühl, der wird sich net lang halten!“ – „Du meinst also, wir sollten ihn lieber gleich probieren?“ – „Na ja, wenn Du unbedingt meinst. Schließlich kenn’ ich ihn ja selber noch nicht.“ „Nimm doch amal gleich des ‚Unertl‘-Glas da drüben aus dem Schrank raus!“ Aber als der Hamp den ersten Schluck genommen hatte, klopfte er dem Michael auf die Schulter und meinte: „Mein lieber Freund, ich fürcht’ fast, da wirst Du ein eigenes Glas brauchen. Und wo das Gästebett steht, weißt Du ja. . .“

Und nun das Merkwürdige: Manchmal gibt es wohl kein Weißbier auf der Welt, das sich so für eine Weltmeisterschaft im Weißbiereinschenken eignen würde wie der Weiße Bock vom Unertl! Da treibts das Bier heraus wie bei einer Feuerlöschübung, und eine Flasche hat kaum in drei Gläsern Platz. Und ein anderes Mal läuft er dann ganz besänftigt ins Glas, ohne daß sich am Geschmack auch nur der geringste Unterschied zeigt.

Damit endet also die Geschichte von unserer ersten Weißbierfahrt mit einem der Höhepunkte der Braukunst. Wenn man bedenkt, wie stark der Unertl-Bock ist, muß man fast froh sein, daß es dieses Getränk nicht das ganze Jahr über gibt. Die Versuchung wäre zu groß, und dieses anstrengende Weißbierbuchschreiben käme uns gar nicht in den Sinn.

Wenigstens mußten wir das Buch nicht auch noch umschreiben, als wir neulich auch den Unertl junior

kennengelernt haben. Der drückt nämlich schon lange nicht mehr die Schulbank, sondern hat die Brauerei vor einiger Zeit schuldenfrei vom Vater übernommen. Am Bier haben wir den Generationswechsel jedenfalls nicht gemerkt, höchstens am Verschwinden einer in dieser Geschichte gar nicht erwähnten dritten Flaschenform, die für die Füllmaschine, die der neue Chef anschaffen mußte, nicht mehr gepaßt hat. „Die hab' ich eins zu eins gegen Bügelverschlußflaschen getauscht", erzählt der Junior, „mit einer Mosterei am Bodensee."
Gebrauchtteile sind halt immer sehr wichtig für die Kleinbrauer, weil neue Maschinen wahnsinnig an den Beutel gehen und sich vielleicht erst in der nächsten Generation auszahlen. Daß die jetzt aber auch schon da ist, freut nicht nur uns, sondern am meisten Herrn Unertl junior mit seiner sympathischen Frau.
Einen kleinen Nachtrag gibt es noch zu diesem Kapitel, weil drei Weißbierschmankerl auf dem Heimweg von Haag mitgenommen werden können.
Das eine heißt auch so und stammt aus Markt Schwaben von der Brauerei Schweiger, das andere kommt auch dort her, nämlich von der Brauerei Widmann, und hat mehr Hefe als die eher neutrale Schmankerl-Weiße. Dafür wird sie auch nicht zu jedem Schmankerl passen, weil sie kräftiger und ausgeprägter schmeckt und sich so zumindest mit dem einen oder anderen Schmankerl der neuen Küche beißen könnte.
Und schließlich gab's noch in Feldkirchen eins zum Mitnehmen, Xaver Münchs feines Hefe-Weizen, das

man nicht mit dem Münch-Bräu im Moos bei Altötting verwechseln darf, auf den wir später noch zu sprechen kommen. Der Feldkirchner jedenfalls braute damals ein süffiges, stark sprudelndes Weißbier, gut für den Biergarten, aber uns auf die Dauer zu unausgewogen und langweilig.
Ganz im Gegensatz zum nächsten Kapitel.

Ein umfunktioniertes Poesiealbum

Noch am selben Abend mußten die Weißbiere natürlich probiert werden. Unglückseligerweise aber hatten wir die Probe ausgerechnet mit dem Grünbacher Bock begonnen, und als es galt, die zweite Sorte zu kosten, fürchteten wir schon sehr um unser Erinnerungsvermögen: „Du, Hamp, ich mein', es könnt' doch sein, daß einmal. . . also ich mein', sollt' ma des net alles a bisserl aufschreiben?" – „Ja, genau, aber wo schreib' ma denn des hin? Soll'n ma da Karteikart'n nehmen?" – „Geh, Du allerweil mit Deiner Zettelwirtschaft! Hast' denn koa Heft oder sowas?"
Und schon begann er in Hamps Schreibtisch zu wühlen, der Michael.
„Halt, was machst denn da? Laß mei Homerinterpretation in Ruh! Die brauch ich vielleicht noch amal." – „Warum? Da is doch auf der Rückseit'n noch ein Platz drauf!" – „Jetzt laß mich amal hin! Ich kenn mich ja selber nicht mehr aus! Da hat wohl wieder jemand aufg'räumt! Ah! Ich weiß scho was! Da schaug her: Des is so a

Poesiealbum, des hab ich damals g'schenkt kriegt, weil's g'meint ham, nur weil ich mal an Abfluß gerichtet hab, könnt' ich auch dichten. Aber so viele Abflüsse ham man sowieso net, wie des Album da noch Seiten hat. Da schreib' ma des jetzt künftig nei!" – „Wieso künftig?" – „Ja, des Buch muß doch irgendwie voll werden. Da sind ja noch mindestens hundert Seiten frei. Bestes Papier, Goldprägung, Ledereinband und so weiter." – „Hundert Sorten?" –

„Na ja, erst amal die dreizehn!"

Grafing – Emmering – Rott am Inn – Tuntenhausen – Beyharting – Maxlrain – Bad Aibling – Weihenlinden – Feldkirchen/Westerham – Aying – Deisenhofen

– Fehlten noch siebenundachtzig.

Wir besorgten uns diverse Kirchenführer von Oberbayern, um sie leichter aufspüren zu können. Außerdem, voller Optimismus – zwei Kästen mit gemischtem Leergut. Das Klappern der leeren Flaschen würde bald aufhören, dachten wir, als wir vierzehn Tage später Richtung Bad Aibling unterwegs waren. Dieses Poesiealbum würden wir schon vollkriegen!

Oberpframmern: Erdinger Weißbier. Glonn: Erdinger Weißbier! Moosach: Erdinger Weißbier!! Alxing: Erdinger Weißbier!!! – „Wo sind wir denn hier wieder gelandet?“, sagte der Michael vorwurfsvoll zum Hamp, der verzweifelt in den Kirchenführern wühlte:

„In Grafing, in Grafing muß es einfach eins geben. Da sollen gleich zwei sehenswerte Kirchen sein!“ – „Schau! Der herrliche Schornstein! Jugendstil! Das muß der Wildbräu Grafing sein. Wenn 's da kein's gibt. . .“

Und schon war der Hamp mit einigen leeren Flaschen in der Brauerei verschwunden. Doch als er zurückkam, hatte sich das Leergut um kein bißchen gefüllt.: „Oh, mei, der Wildbräu, Du kannst Dir ja denken, was der für ein Weißbier verkauft! Aber wenigstens hab ich erfahren, daß es hier noch eine andere Brauerei gibt, den „Grandauer“. Ich hab' da auch vorhin im Kirchenführer von einem Brauer namens Maximilian Grandauer gelesen, der war der letzte infulierte Propst des Klosters Dietramszell. Ein Augustinerchorherr! Die ham doch immer schon was vom Brauen verstanden, selbst wenn's im Münchner Augustiner kein eigenes Weißbier gibt, oder?" –

„Was heißt denn ‚infuliert'???" –

„Na ja, Du weißt schon, die sind dann alle quasi verstaatlicht worden, ich mein' ‚säkularisiert', und da ham's die Braugeheimnisse aus den Klöstern mitgenommen. Schau her, ich zeig Dir's in dem Führer. Da! Noch einer: Franz Paul Grandauer (1751–1818) war Augustinerchorherr in Weyarn! Und die Brauerstöchter waren auch lauter Klosterfrauen: Maria Grandauer, Chorfrau in Altenhohenau, gestorben 1659, Maria Catharina, Schwester in Reutberg (1694–1766) und Anna Maria Grandauer (1704–1775), Dominikanerin in Altenhohenau. Lauter Frauen! Die müssen doch auch Brüder g'habt ham. – Na also, da steht's ja endlich: Georg Grandauer hat 1672 aus eigenen Mitteln die Dreifaltigkeitskirche in Grafing gebaut. Respekt! Bürgermeister und Bierbräu war der noch in Personalunion. Heutzutag' setzen sich die Bürgermeister nur mehr zum Freibier ins Wies'nzelt. Aha! 1794 ist die Sippschaft dann geadelt worden, kein Wunder bei solchen Verdiensten. Und 1818 ham's den Titel dann freiwillig wieder abgeb'n, wei's damals unfein g'wesn ist, daß ein Edelmann ein „eigentliches Handwerk" ausübt. Die wollten halt lieber weiterbrauen und Kirchen bauen als die Händ' in den

Schoß legen und nichts zu trinken ham. Also, Michi, ich wett' mit Dir, daß die Brauerei ein eigenes Weißbier hat. Was gilt's?"

Was der Hamp in seinem Entdeckungsrausch übersah, war allerdings die Tatsache, daß die Grandauer schon Mitte des letzten Jahrhunderts ausgestorben waren, als Elisabeth Grandauer nur fünf Töchter hinterließ: Nach monatelangem Hin und Her fanden sich dann aber in Georg Deuschl und seinem Sohn Alois tüchtige Nachfolger, die das Brauwesen „Zum Grandauer" bis 1926 führten. Seitdem gehört die Brauerei einer Genossenschaft, die nichtsdestotrotz den alten Namen der Grandauer bewahrt hat, und wohl auch einige der Biertraditionen weiterpflegt. Immerhin bekamen wir dort schließlich ein eigenes Weißbier vorgesetzt, – aber wir tranken nicht mehr als einen Schluck, als uns der Wirt eröffnete, daß die Weißwürste „schon längst" ausgegangen seien. Und das um zehn Uhr vormittags!

„Also hungrig geh' ich in keine Kirche!" grollte der Michael, „selbst wenn die Kanzel aus einem Sudkessel getrieben ist. Wir fahren gleich weiter!"

In der „Auer-Bräu"-Wirtschaft von Aßling hätten wir sogar mit einem „Erdinger-Weißbier" vorlieb genommen, aber der Wirt ließ uns schon bei der Getränkebestellung freundlich wissen: „Die Weißwürst' sind ja schon seit halb zehn aus!" – Wir mußten in einer Gegend von Morgenmenschen gelandet sein . . .

Als wir dann wieder im Auto saßen, meinte der Hamp beruhigend: „Komm, Michi, fahr' ma halt noch nach

Emmering! Dort soll es eine vorteilhaft restaurierte Kirche geben, steht in dem Führer. Vielleicht hat man sich nicht nur um eine vorteilhafte Restaurierung gekümmert, sondern auch um eine vorteilhafte Restauration . . . !"
Auf einmal rief er dann: „Rott am Inn! Kaiser-Bräu / Rott am Inn!"*
Das war nicht etwa ein Fata Morgana, sondern ein leibhaftiges Wirtshaus gegenüber der Kirche von Emmering, das eben dieser Brauerei verpflichtet war.
Wir waren die einzigen in der Gaststube, aber aus dem Nebenraum drang dumpfes Gröhlen herüber. Es gab Franziskaner-Hefeweizenbier von der Münchner Spaten Brauerei, das hatten wir sofort mit einem Blick auf die Gläser festgestellt. Aber das sollte uns nicht stören, denn es schien uns auf jeden Fall etwas „G'scheiteres" zu den Weißwürsten zu sein als etwa ein Spatenpils. Falls es überhaupt Weißwürste gab . . .
Nach kurzer Zeit kam jemand aus dem Nebenraum, musterte uns prüfend und steuerte auf uns zu. „Wie viele wollt's denn?", fragte er uns. „Wir hätten gern Weißwürst' g'habt und zwei Weißbier." – „Ja, Knackwürscht hab' ich net g'meint! Also nochamal. Wieviel? Fünf für jeden, oder!?" – „Also gut, wenn's guat san!"
Sie waren es. Ja, man kann sagen, es waren die zweitbe-

* Anmerkung: Dieser Ausspruch hat bereits historischen Charakter. Mittlerweile gibt es das Schild vom Kaiser-Bräu nicht mehr. Auch ein Kaiser wird einmal zu Grabe getragen; in diesem Fall wurde das von einem „Spaten" von langer Hand vorbereitet. . .

sten, die wir je gegessen haben. Wo es die besten gibt, verraten wir natürlich nicht!

Aber als wir dann allein über unseren Würsten saßen, wären sie uns doch beinahe im Hals steckengeblieben, denn plötzlich öffnete sich eine Tür, und eine tiefe, chorgeübte Stimme ertönte aus dem Nebenraum: „Aahh, jetzt waar a Unertl recht!“ Und schon wankte ein gewaltiger Mann zum Kühlschrank hin und zog tatsächlich ein paar Flaschen „Unertl“ heraus.

Kaum war er wieder verschwunden, stand der Michael auf, ging zum Schanktisch hinüber und wollte in den Kühlschrank schauen. Da kam auch schon der Wirt von vorhin daher: „Euch hab' ich ganz vergessen. Ihr braucht's noch a Bier!“ – „Des net, ich wollt' nur mal schau'n, was Ihr für a Weißbier habts.” – „Ach so, ja mei, also da is amal des Unertl, nacha die vom Spaten natürlich, ja, laßt's mich amal überlegen, ah ja, die zwei Erdinger, die Grünbacher und dann no des Vohburger, wenn er vorbeikommt von drent.“ – „Wenn wer vorbeikommt?“ – „Na ja, der Bierfahrer halt, wenn er von Ingolstadt obakummt, da wo des Vohburg halt is, netwahr.“

Aber akkurat dieses Vohburger hatte er im Moment nicht da, ausgerechnet das Bier, das wir noch nicht kannten. Und der Wirt konnte uns auch nicht genau sagen, ob und wann der Bierfahrer wieder kommen würde, von „drent“.

Langsam ging uns ein Licht auf, was das hölzerne Gewehr mit der Aufschrift „Es lebe die Revolution!“ zu

bedeuten hatte, das über dem Stammtisch hing. Der Aufstand galt vielleicht den großen Brauereien. Sicherlich hatten die Stammtischgenossen es durchgesetzt, daß jeder das Weißbier bestellen konnte, nach dem ihm gerade zumute war. Das Grünbacher vielleicht für den Durst, das Erdinger zum Essen, das Franziskaner zu den Weißwürst'n, das hefelose vom Spaten für die Preiß'n, das Unertl halt so und das Vohburger, wer weiß. . .
Wir gehörten leider nicht zum Stammtisch. Aber was wäre das für eine Revolution, wenn man in jeder Wirtschaft frei sein Weißbier wählen könnte!
Die Vielfalt der Getränke scheint in Emmering geradezu ein Kult zu sein. Das haben wir gemerkt, als wir uns die vorteilhaft restaurierte Kirche anschauten. Da war nämlich nur eine Tür offen, aber die führte nicht in das Innere, sondern in den Turm. Dessen Treppe war allerdings völlig unzugänglich, denn wahre Berge von Biertragln und herumstehenden Flaschen behinderten den Aufstieg. Um so bemerkenswerter aber war der Friedhof, der sich rund um die Kirche befindet. Vor jedem Grab stand anstelle eines Weihwasserschälchens eine Flasche. Ja, eine Flasche, und zwar vor jedem Grab eine anders geformte. Euroflaschen haben wir nur ganz wenige entdeckt. . .
Die Euroflaschen braucht wohl der nahegelegene Kaiser-Bräu in Rott am Inn. Daß sie dort aber nicht mit Weiß-, sondern mit Spatenbier gefüllt werden, hatten wir ja schon in Emmering erfahren.
Ob das auch damals schon so war, als der Großvater von

Ägid Quirin und Cosmas Damian Asam dort noch Klosterbraumeister gewesen ist?
Und da wir doch annehmen dürfen, daß besagter Großvater ein ebenso guter Braumeister war, wie seine beiden Enkel Baumeister werden sollten, können wir uns sehr gut vorstellen, wie er angesichts eines besonders gut gelungenen Suds ausrief: „Also, Cosmas, kost' ma's!"
Und auch der kleine Ägid wird wohl kaum „Igitt!" gesagt haben, wenn er den Opa einmal in seinem Kellergewölbe besuchen durfte.
Für Inspiration war also in jeder Beziehung gesorgt. Aber warum haben dann nicht die Gebrüder Asam die Abteikirche von Rott am Inn gebaut, sondern Johann Michael Fischer? Weil der Vater von Ägid Quirin und Cosmas Damian ein so gesuchter Kirchenmaler gewesen ist, daß ihn seine Aufträge ins St. Quirin-Kloster nach Tegernsee gezogen hatten, als der erste Bub auf die Welt kam.
Die Benediktinerabteikirche von Rott am Inn wurde in unserem Kirchenführer geradezu enthusiastisch gelobt: „In der klar-kraftstrebigen Struktur und im festlichen Aufklang der Hallenwirkung zeigt sich das Geschliffen-Griffige, was Altbayernart manchmal haben kann. . . Der Ausdruck, den die bedeutendsten Rotter Figuren haben, ist die Sicherheit aller Temperamente und Begabungen menschlichen Geistes und Gemüts im Glauben. Sein lauteres Zelt ist Johann Michaels Architektur." – Norbert Lieb, ein Kunsthistoriker, schrieb diese

geschliffenen Sätze. Und da hat Benno Hubensteiner einmal gesagt, daß man über den bayerischen Barock schon gar nicht mehr reden könne, ohne „gemeinplätzig“ zu werden! Man kann schon, aber bringt einem so Geschliffen-Griffiges den Barock dann näher?

Nun ist das ein Weißbierbuch, und für Weißbier gibt es keine Lehrstühle. . . darum brauchen uns solche „klarkraftstrebigen“ Wortorgien erst gar nicht einfallen. Es gibt halt nun einmal keine Kirche von Johann Michael Fischer, die uns nicht sofort gefallen hätte, ob das jetzt Ottobeuren, St. Anna im Lehel oder eben Rott am Inn ist. Der Leser fährt also entweder selbst hin, oder er bleibt daheim hocken und liest Norbert Lieb. Das hätte höchstens den Vorteil, daß man zu Hause im Lehnstuhl leichter in den Genuß eines Weißbieres kommt als in Rott am Inn.

Aber sonst schon keinen. Darum waren jedenfalls wir nicht nur einmal dort.

Unsere Fahrt ging dann weiter nach Tuntenhausen, weil der Punkt auf Hamps Karte dort genauso lila war wie der für Rott am Inn.

Tatsächlich sieht die Tuntenhausener Marienwallfahrt von weitem ja auch recht imposant aus: Da steht ein Doppelturm auf einem einzigen Fundament, und so etwas gibt es in Bayern kein zweites Mal. Hinter dem Chor hat man sich auch noch einen extra Zwiebelturm geleistet, der auf der Gnadenkapelle aufsitzt. Man hatte viel Geld, was kein Wunder ist, wo doch schon Herzog Wilhelm V., der Gründer des Hofbräuhauses zu München, zur Madonna von Tuntenhausen gepilgert ist und es ihm etliche Landesfürsten nachgetan haben.

Daß man schon fast nicht mehr wußte, wohin mit dem vielen Geld, merkt man spätestens, wenn man das Kircheninnere betritt, das nur so vollgepfropft ist mit teueren Votivgaben. Zum Glück kann sich das Auge bei den zahlreichen Bild-Erzählungen auf den Votivtafeln erholen und muß sich nicht mit dem verschandelten Kirchenraum abquälen. Das Merkwürdigste an der Tuntenhausener Kirche aber ist die spätgotische Turmhalle, eine Kreuzrippenkapelle, in der die Gruft der gräflichen Familie von Arco-Zinneberg untergebracht ist. Der Kirchenführer bezeichnet die Kapelle als „reizvoll".

Der Reiz kann allerdings unmittelbar vom Auge auf die Magennerven übergehen, wenn man einer modernen Form der Verunstaltung ausgesetzt wird, wie sie uns sonst nie so drastisch in einer Wallfahrtskirche begegnet ist.

Wir sprechen von einem Gegenstand, genauer gesagt einem Objekt, goldfarbig, aus Metall und amorph, einem Klumpen aus Metall, der offenbar eine besondere Abart aus der Gattung der Tabernakel darstellt. Auch nach längerer Überlegung gibt es dafür nur eine Erklärung für uns: Es ist die Votivgabe des Mannes, der in den Hochofen fiel, und von der Tuntenhausener Madonna gerettet wurde. – Auch im Industriezeitalter hat sich die Maria also noch nicht zur Ruhe gesetzt.

Als erste wußten aber wohl die Augustiner-Chorherren

aus dem benachbarten Beyharting einen Choral von der wunderbaren Tätigkeit dieser Madonna zu singen. Keine hundert Jahre dauerte es nach der Gründung ihres Klosters im Jahr 1130, da hatten sie Tuntenhausen bereits einverleibt. Und als dann im 15. Jahrhundert die Wallfahrt „Zu unserer Lieben Frau" in Tuntenhausen mächtig zu florieren begann, werden wohl die meisten der prallgefüllten Klingelbeutel in die Kassen von einem der 40 berühmt-berüchtigten Pröpste von Beyharting gewandert sein.

Trotzdem, beziehungsweise gerade deshalb, galt das Augustiner-Chorherrenstift von Beyharting immer als eines der ärmsten in Bayern. Selbst die Inkorporation der nicht gerade unvermögenden Pfarrei Schönau brachte keinen beständigen Reichtum. Denn nur wenige der insgesamt 40 Pröpste, die in Beyharting residierten, waren wirklich in der Lage, für klösterliche Sparsamkeit, Zucht und Ordnung Sorge zu tragen. Und manche brachten das Kloster bis an den Rand des Ruins.

Da mochte selbst der Herrgott nicht länger zusehen, und so hat er ausgerechnet im Hochbarock zweimal mit Blitz und Donner eingegriffen, wo es der Regel des Heiligen Augustinus an Autorität mangelte.

Nach dem letzten Blitzschlag und Brand kam dem Wiederaufbau von Beyharting dann ohnehin die Säkularisation dazwischen; und jetzt wurde der Spieß umgedreht: 1803 wurde Beyharting eine Filiale der neugegründeten Pfarrei Tuntenhausen, und weil es da keine Pröpste mehr gab, die das Geld rechtzeitig ausgeben konnten, wanderten die Klingelbeutel von nun an in umgekehrter Richtung. Das Ergebnis kennt der Leser bereits, soweit es die Wirkung auf Tuntenhausen betrifft. Was über das heutige Beyharting zu sagen ist, beschränkt sich unserer Meinung nach auf den Kreuzgang und die Sakristei; die Kirche selber finden wir vergleichsweise bescheiden.

Wenn es heute etwas zu bewundern gibt, so sind es die Restaurierungsleistungen des Vereins der Förderer des Augustiner-Chorherrenstifts Beyharting. Ja, wenn man bei der Säkularisation nicht auch die Brauerei versteigert hätte, wäre man heute wohl nicht so sehr auf die Mittel dieses Vereines angewiesen. So aber hat man hier buchstäblich die Mönche mit dem Fasse ausgeschüttet, und es sprang kein bürgerlicher Brauer in die Bresche, als die Pröpste samt ihrem Anhang hinausgejagt wurden.

Wir waren jedenfalls froh, in Beyharting wenigstens eine Wirtschaft zu finden.

Daß sie das Bier der Schloßbrauerei Maxlrain führt, hätten wir uns ja schon vorher ausrechnen können: Denn erstens weisen die Grabplatten der Herren zu Maxlrain in der Klosterkirche auf eine enge Verbindung der beiden Orte hin, zweitens gab es schon hinter der Tuntenhausener Kirche eine Wirtschaft mit Maxlrainer Bier, und drittens wird es wohl kein Zufall sein, daß sich gerade diese Brauerei nachhaltig auf der letzten Seite des Beyhartinger Kirchenführers empfiehlt.

Die Wirtschaft von Beyharting war jedoch zu, als wir das erste Mal hinein wollten. Aber einige Zeit später sollte

uns die Kenntnis ihrer Lage noch von großem Nutzen sein, und das kam so:
Es war jener denkwürdige Tag im Winter 1978, an dem in fast ganz Bayern der Verkehr zusammenbrach. In München blieb sogar die Trambahn in den Schneemassen stecken, und auf der Autobahn konnte man die Spur nicht mehr wechseln, weil die Schneehaufen zwischen den Fahrbahnen zu hoch waren. An ein Vorwärtskommen war ohnehin nicht mehr zu denken, weil die Autos überall kreuz und quer standen.
An diesem Tag waren wir in der unglücklichen Lage, von Tirol nach München zurückfahren zu müssen. Wieder einmal half uns Hamps Kulturkarte: denn sie ist nicht nur mit den bekannten lila Punkten, sondern auch mit einem sehr genauen Straßenplan ausgestattet. Wir waren nämlich schon nach kurzer Fahrt zu der Erkenntnis gekommen, daß vom Schnee verwehte Feldwege immer noch schneller zu befahren sind als von Preußen mit Sommerausrüstung verstopfte Autobahnen.
Als wir uns nach vier Stunden bis Bad Aibling durchgekämpft hatten, stellte sich, um es gelinde auszudrücken, eine gewisse Erschöpfung ein. Aber wohin zur Brotzeit? In Aibling würden wir wohl hoffnungslos eingekeilt werden.
Hamp sah erst einmal auf die Karte und blätterte dann eifrig in seinem Kalender. „Gott sei Dank, es ist Sonntag, da hat er keinen Ruhetag! Das letzte Mal waren wir an einem anderen Tag dort, als zu war!“ rief er, und als er Michaels fragende Miene sah, fügte er hinzu: „Bei diesem

Wetter führt der schnellste Weg nach Hause über Beyharting."
Und während andere auf der Autobahn frierend und hungernd ihre Herzinfarkte vorprogrammierten, ließen wir uns jeder drei Paar Schweinswürstl mit Kraut und die beiden letzten Maxlrainer Hefeweißbiere schmecken, die der Wirt noch hatte. Sogar die Kirche haben wir uns noch einmal angeschaut, und sind dann in aller Gemütlichkeit über Oberpframmern und Putzbrunn nach München zurückgefahren. . .
Bei der ersten Fahrt aber waren wir, wie schon gesagt, in Beyharting vor verschlossener Tür gestanden. Und damals waren wir eben kurz entschlossen ins nahe Maxlrain gefahren.
Die Suche nach der dortigen Brauerei hatten wir uns viel schwieriger vorgestellt. Aber Maxlrain besteht im wesentlichen nur aus drei Gebäuden, die noch dazu eng zusammengehören: Da gibt es die Brauerei, die Schloßwirtschaft und das Schloß selber, das man leider nicht besichtigen kann. Die Maxlrainer, ein uraltes bayerisches Grafengeschlecht, haben dieses Schloß – es zählt zu den bedeutendsten Renaissancebauten in Bayern – im Jahre 1580 erbaut. Gute 150 Jahre darauf nahm dieses Geschlecht aber ein armseliges und unrühmliches Ende, weil der letzte männliche Nachkomme, ein gewisser Johann Joseph Veit zu Maxlrain sein ganzes Sinnen und Trachten darauf richtete, den „Stein der Weisen" zu finden, mit dem er auf alchimistischem Weg Gold erzeugen wollte. Da dieser Johann Joseph Veit weder

männlichen Nachwuchs noch irgendeine brauchbare Formel zur Herstellung von Gold hinterließ, blieb von den Maxlrainern nicht viel mehr zu erben als die ohnehin offenkundige Rezeptur, daß auch sie das Element „Bier" aus den Geheimkomponenten Malz, Hopfen und Wasser gewannen.

Den Grafen von Arco-Zinneberg, die das verwaiste Schloß 1734 übernommen haben, war aber diese Formel ohnehin schon so geläufig, daß sie keinerlei alchimistische Versuche anstellen mußten, um über runde 200 Jahre hinweg ein recht angesehenes Gebräu herzustellen.

Doch auch den Arco-Grafen sollte es nicht viel anders ergehen als dem letzten Maxlrainer: Nicht, daß auch sie ausgestorben wären, aber so wie jener letzte Maxlrainer sein ganzes Vermögen einsetzte, um das Spiel gegen die Natur zu gewinnen, so hat 1936 ein Zinneberger Arco geglaubt, das ganze Schloß samt der schönen Brauerei auf ein einziges Spiel setzen zu können und es an den norddeutschen Grafen von Hohenthal und Bergen verloren, der wohl die besseren Karten gezogen hatte.

Der neue Besitzer hat dann zwar das Maxlrainer Schloß zum Aushängeschild seiner Brauerei gemacht und zieht viele Touristen dorthin, aber hineinlassen tut er nicht jeden. So können auch wir nur über die angeblich sehenswerte Schloßkapelle spekulieren, weil wir sie, wie so viele, nicht von innen sehen durften.

Leider war die Schloßwirtschaft von Maxlrain trotz ihres schönen Biergartens keine Entschädigung dafür, daß man das Schloß nur von außen besichtigen konnte.

Es war nämlich damals sehr schönes Wetter, ein mords Biergartenbetrieb und so viele Gäste, daß der Schankkellner kaum Zeit für ein Weißbier hatte und der Koch gerade soviel, um eine Packerlsoße über den vorgekochten Schweinsbraten zu gießen. Nicht, daß wir kein Weißbier bekommen hätten: „Juwel-Weizen“ stand auf den sehr schönen Gläsern zu lesen.

Aber dieses Juwel-Weizen ist von einer derartigen Durchsichtigkeit, daß man das Schloß Maxlrain ohne weiteres durch das Glas hindurch photographieren könnte. Kurz gesagt, es ist wahrscheinlich weniger Hefe drin als in einer halben Maß Mangfallwasser.

Nun hatten wir, einer alten Gewohnheit folgend, in Beyharting trotz verschlossener Tür wenigstens das herumstehende Leergut in Augenschein genommen und dabei eindeutig Flaschen mit Maxlrainer Hefeweißbier registriert, das nicht den Namen Juwel-Weizen trug, sondern „Schloßtrunk“ hieß. Und bei der Bedienung in Maxlrain hatten wir auch ausdrücklich Hefeweißbier angeschafft. Also räusperten wir uns und fragten: „Sagen'S amal, is des vielleicht ein Hefeweißbier?“ – „Na, des ham mir ja noch nia net g'habt!“ – „Ja, aber es gibt doch eins von der Maxlrainer Brauerei?“ – „Ja freilich, aber des ham wir halt nicht! Des gibt's nur in dem Getränkedepot da hinter'm Schloß.“ Und sie verschwand wieder.

Jetzt beeilten wir uns aber mit dem Essen, und kurz darauf hatten wir unsere erste, aber nicht die letzte Begegnung mit dem Depotverwalter von Maxlrain. Der überredete uns, gleich einen ganzen Kasten zu nehmen, sprach von einem „besonders eleganten“ Hefeweißbier und wünschte uns auch noch „vui Spaß“.

Und den hatten wir auch: Schon beim Einschenken wurde uns klar, warum sich dieses Weißbier nicht zum Massenausschank in Ausflugswirtschaften eignet. Es schäumte geradezu ungeheuerlich. Später einmal erzählte uns ein Bierfahrer, daß ihm wegen des Überdrucks schon öfters die Böden der Hefeweißbierflaschen abgeplatzt wären. Trotz dieser Schwierigkeiten beim Einschenken steht für uns damals wie heute fest: Ein ausgewogeneres Weißbier läßt sich wirklich nicht vorstellen. Es faßt die Vorzüge vieler anderer Sorten in geradezu genialer Weise zusammen. Freilich, einen ausgesprochenen Eigencharakter wie das „Unertl“ hat es nicht. Für uns ist es so etwas wie die „Krone des Durchschnitts“. Auch ist uns noch kein Kasten davon explodiert, nicht einmal der erste, wo der doch noch eine so anstrengende Heimfahrt zu überstehen hatte.*

Da machten wir zum Beispiel noch einen kleinen Abstecher nach Bad Aibling, wo es auch einen Weißbräu gibt. Dessen Weißbier nennt sich „Aiblinger Edelweiße“, und auf dem Etikett blüht einem tatsächlich jenes geschützte Alpengewächs entgegen, das sich neben dem Kinnbewuchs der Gemse als das durchschlagendste Verkaufsar-

* Anmerkung: Mittlerweile dürfen die Bierfahrer aufatmen, weil man den Kohlensäuregehalt des „Maxlrainer“ stark heruntergesetzt hat. Darum gibt es das Hefeweißbier jetzt auch in der Schloßwirtschaft.

gument erwiesen hat, um Trachtenhüte auch nach Nordamerika exportieren zu können.

Dieser Aiblinger Weißbräu hat sich nun der Brauereigenossenschaft Kloster Reutberg angeschlossen, was ziemlich ungewöhnlich scheinen mag, weil es doch von der Rosenheimer bis in die Tölzer Gegend ein ganz schönes Stück Wegs ist. Der Hamp aber hat da gar nicht lange herumfragen müssen, weil ihm nach der Lektüre gewisser Kirchenführer eh schon alles klar war: „Mensch, Michi, des is doch logisch, schau her: Kloster Reutberg is bei der Säkularisation nicht aufgelöst worden, weil's ein sogenanntes ‚Aussterbekloster' war. Irgendwo hat man ja hin müssen mit den ganzen alten Nonnen, die aus den Klöstern verjagt worden sind. Und das hat sich ja nicht einmal der Graf Montgelas getraut, daß er die auf der Straß' herumsitzen läßt. Drum ham's a paar Klöster eben ausnehmen müssen von der allgemeinen Klosteraufhebung, damit die Nonnen da quasi langsam wegsterben können, ohne daß es allzuviel Aufhebens darum gibt. Und so wird sich halt auch der Aiblinger Weißbräu kurz vor seinem Aussterben an Reutberg angegliedert haben. Deswegen auch das Edelweiß auf dem Etikett – der will halt einen gewissen Naturschutz für sich beanspruchen, damit er net ausstirbt, oder?" – „Aber Edelweiß' gibts doch jetzt auch wieder mehr, die sind doch gar net ausg'storb'n! Warum muß er denn dann nach Reutberg?", setzte der Michael dagegen.

Des Rätsels Lösung hörten wir viel später von einem

alten Herrn aus Sachsenkam, der ganz gewiß nicht aus Sachsen kam, sondern der möglichst jeden Sonntag Nachmittag den kleinen Weg zum Kloster Reutberg macht, um dort ein paar „Edelweiße“ zu „pflücken“, für die sich bisher weder der Bund Naturschutz noch die Grünen, sondern ausschließlich wir stark gemacht haben.
„Ja mei!“, sagte der Sachsenkamer ganz einfach, „wir in Reutberg san halt die Edelweiß’ viel näher als die Aiblinger: Denn erstens hamma die Berg net so weit weg, zweitens san mehra Preiß’n da und überhaupt, wer möcht’ denn schon in Aibling leb’n, wo doch jeder weiß, daß da drunter die Höll’ ist.“
Im Gegensatz zu Hamps „logischer“ Theorie hat die Theorie des Sachsenkamers geradezu kosmologische Hintergründe. Denn es ist ganz offenkundig so, daß der Schnee um Aibling nie so lang liegenbleibt wie woanders. Womit eindeutig bewiesen ist, daß unter Aibling die Fegefeuer angeschürt werden, und daß der Chiemsee ursprünglich vom lieben Gott nur als Löschteich vorgesehen war, falls ihm die Teufel einmal allzu sehr einheizen sollten. Freilich hat er sich bei der Erschaffung Oberbayerns wahrscheinlich auch nicht träumen lassen, daß es die Menschen mit ihren Surfbrettern einmal überhaupt nicht mehr beeindrucken würde, wenn einer, wie weiland der Herr Jesus, schlicht übers Wasser wandelt.
Nun wäre das Verkehrschaos auf dem Chiemsee ja noch viel schlimmer, wenn alle, die ihre Surfbretter huckepack

auf dem Autodach spazieren fahren, damit auch auf dem Wasser umeinanderfetzen würden. Aber zum Glück nehmen doch etliche diese Brettl bloß zweimal im Jahr in die Hand, weil's in der Skisaison halt doch besser ausschaut, wenn man mit ein Paar neuen Compactski auf dem Autodach zur Arbeitsstelle in der Münchner Innenstadt kutschiert, um ja zu demonstrieren, wie aktiv, dynamisch und sportlich man ist.

„Da tät's doch a Surfbrett-Attrapp'n auch", pflegt der Michael da zu sagen, wenn so ein Autodachsportler schon mit einem leichten Seitenwind auf der Salzburger Autobahn nicht klar kommt und ohne Blinker nach Lee abdriftet.

Dies mag einer der Hauptgründe sein, warum wir uns nur so selten auf der Autobahn nach Hause quälen, und so sind wir auch damals von Bad Aibling nicht über den Irschenberg gefahren, sondern zum Beispiel über Weihenlinden.

Das ist zwar bloß eine weißbierlose Wallfahrerei samt einem kleinen Servitenkloster, aber auch ohne Brauerei scheint sie so gut funktioniert zu haben, daß die Fülle der Votivtafeln nur untergebracht werden konnte, weil man sie auch noch außen an der Kirche aufgehängt hat. Und damit die Pilger nicht naß werden, wenn es regnet, hat man noch einen überdachten Umgang um die Kirche herumgebaut. Das Ganze sieht schon recht manierlich aus, mit seinen schlanken Zwiebeltürmen und den schönen alten Linden drum herum. Und weil die moderne Kunst noch keinen Stilbruch verursacht hat, kann man auch ruhig einmal einen Blick in die Kirche hineinwerfen.

Über Westerham und Feldkirchen, wo es dann wieder ein Weißbier mitzunehmen gab, ging es nach Aying, wo man sogar zwischen zwei Weißbieren wählen kann. Wenn einen aber die überlauten Werbesprüche, welche die Brauerei Aying mit ihrem Weißbier klopft, nicht sonderlich beeindrucken, wird man nüchtern feststellen, daß hier nur andere Etiketten auf Flaschen geklebt werden, die der Weißbräu in Traunstein abgefüllt hat. „Tochterfirma" nennt man so etwas, selbst wenn die Tochter viel älter als die Mutter ist. . . Wir sagen dazu nur: „Trennt die Spreu von diesem Weizen."

Da hatte der Kasten Maxlrainer in unserem Kofferraum schon noch eine bodenständigere Gesellschaft verdient! Die hat er auch bekommen: Alte Bügelverschlußflaschen mit Hubertus-Karl-Gmeineders Weißem Vollbier aus Deisenhofen. Einheimische von dort sagten uns allerdings, daß die Qualität dieses Weißbiers stark von der Witterung abhinge. Ob das nun tatsächlich am Wetter liegt, wissen wir nicht, aber mitunter schmeckt es schon recht zweierlei, das Hubertus-Karl-Gmeineder'sche Gebräu. Es gehört halt zu den Weißbieren, die man am besten an Ort und Stelle zu sich nimmt, und die das lange Herumschütteln im Kofferraum nicht so recht vertragen. Wir hätten es auch lieber gleich im Brauereigasthof getrunken, aber der war so gerammelt voll, daß wir es mit dem Kauf von zwei Flaschen an der Theke genug sein ließen. Immerhin genügte das, um wieder einmal festzustellen, daß es halt bloß ein eigenes Hausbier braucht und ein einigermaßen reelles Essen: Dann strömen die Leut' von weit daher, selbst wenn's dann keine alte Bauernstub'n ist, sondern so eine nußbaumfurnierte Gemütlichkeitszwingburg wie beim Gmeineder – so wischfest, so glatt und auf eine so langweilige Weise rentabel.

Kirchenführer und Landkarten

Wenn man alles zusammenzählt, hatten wir an diesem Abend eine ganze Menge auszuladen. Vor allem natürlich viele neue Kirchenführer aus dem Verlag Schnell und Steiner. Und als wir gerade beim Ausladen waren, kam unser Freund Nikolaus daher, in jener typischen weißen Sportkleidung mit den rotbraunen Schuhen, die den durstigen Tennisspieler kennzeichnet. Unter seinen gierigen Blicken entkorkten sich die Flaschen beinahe von selbst. Freilich konnten wir kaum dagegen sein, daß er beim Probieren behilflich war, vor allem, weil er uns für jedes Weißbier, das er zu sich nahm, zwei neue Sorten nennen konnte.

„Kommt's doch amal zu mir nach Bergen! Am besten, wir treffen uns zum Mittagessen in Bachham! Wenn Ihr a Landkarte habt's, dann zeig ich Euch gleich, wo des is."
Vielleicht hatte der Nikolaus nicht damit gerechnet, daß wir seine Einladung annehmen würden, aber in kürzester Zeit hatte der Michael eine Route nach Bachham herausgefunden, die ihm sehr, sehr weißbierträchtig erschien. „Also, Nikolaus, dann bis nächsten Freitag!"

Valley – Holzkirchen – Dietramszell – Bad Tölz – Miesbach – Bachham – Pavolding – Bergen – Urschalling. Traunstein – Baumburg – Raitenhaslach – Marienberg – Burghausen – Altötting – Graming – Mühldorf – Au – Gars – Wasserburg – Amerang – Söllhuben – Bergen

„Eigentlich hätten wir ja nach Birnbach fahren müssen, wenn ma dieses Graf-Arco-Weißbier wirklich standesgemäß probieren wollten!“, sagte der Michael enttäuscht, als er das Etikett von einer der Flaschen genauer studiert hatte, die wir in der Brauereigaststätte in Valley aufgetrieben hatten.

Da waren wir extra in diese finstere Gegend um Schloß Valley gefahren, wo noch um 1900 das „Haberfeldtreiben“ gewütet hat, eine ländliche Form des Femegerichts, das sich gegen unliebsame Personen richtete, denen man mit den gewöhnlichen Gesetzen nicht an den Kragen konnte: Da zog dann um Mitternacht eine Meute von vermummten Gestalten unter dem „Haberfeldmeister“ vor das Haus des Beschuldigten und trieb ihn unter gräßlichem Kreischen und Gejohle aus den Federn. Nach einer Spottrede wurde er dann unter Geißelhieben barfuß durch ein Haberfeld gejagt, bis er sich wieder ins Haus retten konnte. Ein entsetzlicher Brauch, wenn man bedenkt, daß es oft schwangere Mädchen waren, denen man schändliches Treiben vorwarf, wo sie doch nur das

Fenster nicht zugemacht und irgendeinen besoffenen Bauernburschen hereingelassen hatten.
Eine unheimliche Gegend – und dann waren wir ja noch praktisch umsonst gekommen, weil Birnbach ja in Niederbayern liegt und nicht etwa im Mangfalltal.
„Da stellen's a Mordsbrauerei hin, und dann kommt des Hefeweißbier von dene Arcografen aus Birnbach!", ärgerte sich der Michael, und der Hamp kam auf düstere Gedanken: „Mordsbrauerei, ja, ja. . . War des damals nicht ein Arco-Valley, der anno 1918 den Ministerpräsidenten Eisner umgebracht hat, obwohl der schon seine Rücktrittserklärung in der Tasch'n g'habt hat?" – „Schmarrn, des war doch im Februar 1919, wie die bayrische Räterepublik war! Dem Arco hat der rote Eisner eben nicht gepaßt, und dann hat er halt kurzen Prozeß g'macht, weil er's nicht derwarten konnt', bis die normalen Gerichte wieder funktioniert ham." – „Aber es war doch sinnlos, weil der Eisner ja sowieso gehen hätte müssen!" – „Freilich, aber so sind sie halt, die Haberfeldtreiber. . ."
Wir wußten damals noch nicht, daß auch jener 22jährige Anton Arco-Valley wegen seiner jüdischen Mutter beständigen Sticheleien ausgesetzt war, und daß er sich dagegen durch seine spektakuläre „nationale Tat" zur Wehr setzen wollte. Das erfuhren wir erst durch Ludwig Hümmerts interessantes Buch „Bayern – Vom Königreich zur Diktatur", das der W. Ludwig-Verlag herausgebracht hat. Man darf eben nicht immer nur im Barock schwelgen, wenn man sich in Bayern auskennen will,

sondern muß sich auch durch diese Zeit hindurchbeißen, weil die Tage unseres seligen Prinzregenten Luitpold leider doch nicht unmittelbar ins heutige Bayern hineingeflossen sind.
Freilich darf man sich auch durch die härtesten geschichtlichen Auseinandersetzungen nicht davon abbringen lassen, das Graf-Arco'sche Hefeweißbier zu verkosten. Schließlich hat das Haus Arco nicht nur eine lange Brautradition, sondern auch die entsprechende Vielfalt an Brauereien, um bei fast jeder Biersorte vorne mitzumischen. Welche Familie könnte es sich sonst noch leisten, eine Brauerei wie die von Maxlrain einfach beim Kartenspiel zu verlieren?
Das Hefeweißbier aus der Braustätte in Birnbach, das wir damals vor uns hatten, erinnerte uns ein bisserl an ein Helles. Damit fiel es zwar aus dem Rahmen des Üblichen, aber genau das ist ja manchmal gerade das Interessante.
Eher im Durchschnitt lag dagegen das Holzkirchner Weißbier, das wir auf unserem Weg nach Dietramszell beim Oberbräu in Holzkirchen mitnahmen. Dafür macht dieser Bräu aber bekanntlich ein überdurchschnittlich gutes Helles.
In Dietramszell dagegen gibt es leider keine Brauerei mehr, obwohl doch noch so ein herrliches Kloster samt Kirche dastünde.
„Hier war also der Grandauer von Grafing letzter infulierter Propst!“, rief Hamp gleich in die ehemalige Stiftskirche hinein, als wollte er den Geist des Chorher-

ren heraufbeschwören. „Und die Braukunst hat er wahrscheinlich mitgenommen nach der Säkularisation 1803!“

Wahrscheinlich hatte der Hamp sogar recht, denn die Salesianerinnen, die heute das Kloster bewohnen und eine Realschule für Mädchen betreiben, haben sicher kein Interesse an dem Bewahren der Braugeheimnisse, auch wenn heute gerade das weibliche Geschlecht einer der Bahnbrecher der neuen Weißbierwelle ist.

Die ehemalige Stiftskirche ist aber auf jeden Fall den Weg nach Dietramszell wert. Vor allem die barocken Figuren sind von einer Qualität, die man auch für oberbayerische Verhältnisse beachtlich nennen muß.

Man darf es aber nicht immer nur den beteiligten Künstlern zuschreiben, wenn der Innenraum einer Kirche so vollendet gelingt wie der in Dietramszell. Ein rühriger Bauherr gehört schon auch dazu. Und das war der Propst Dietram Hipper gewiß: In den 26 Jahren seiner Amtszeit gab es wohl kaum einen Tag, an dem man ungestört von den Handwerkern das Beichtsakrament empfangen konnte.

Hipper war ein gebürtiger Weilheimer, und er brauchte natürlich nicht lange überlegen, wem er den Auftrag für Hochaltar, Kanzel und vordere Seitenaltäre geben sollte: Franz Xaver Schmädl, der Weilheimer Bildhauer, bekam den Zuschlag.

„Der war doch auch aus Weilheim, der Schmädl!“ – „Na ja, die werden sich halt schon beim Hopfenzupfen befreundet haben, die beiden, an der Stadtmauer von

Weilheim, der Hipper war doch aus der Bräuwastl-Dynastie, ein Brauerssohn, wie der Grandauer auch! Des is halt die Dietramszeller Tradition!"
So in etwa verlief damals unsere Kirchenbesichtigung. Es geht halt nichts über eine gesunde Halbbildung. Oder weiß vielleicht sonst noch jemand, daß man in Weilheim schon Anfang des 18. Jahrhunderts zum autarken Hopfenanbau übergegangen ist?
Aber jetzt pressierte es uns langsam, weil ja schließlich der Nikolaus in Bachham auf uns wartete. Und wir wollten doch noch über Bad Tölz nach Miesbach und Hausham.
Daß es in Tölz einen Weißbräu geben mußte, hatten wir schon vorher erfahren. Und der „Grüner-Bräu" ist auch sehr leicht zu finden, weil er direkt an der Straße von Holzkirchen nach Tegernsee am Ortseingang von Bad Tölz liegt.
Zart besaiteten Naturen würden wir allerdings den Besuch des dortigen Bräustüberls nicht anempfehlen. So brauchten wir schon ein gewisses Maß an Bierruhe und Unerschütterlichkeit, als wir vier Flaschen „Tölzer Edel-Weisse" zu je einer Mark dreißig gekauft haben. Da kreischte die Musikbox, da schrie die Motorradjugend noch lauter, und die Bedienung mußte erst einen Block finden, bis die schwierige Rechnung beieinander war. Da waren die Tölzer früher schon fixer, wenn es darum ging, den Münchnern ihr Bier zu verkaufen. Es ist nämlich noch gar nicht so lange her, da hat man das Bier ausschließlich in der kalten Jahreszeit brauen können,

weil noch niemand auf die kluge Idee gekommen war, daß man es auch mit Eis kühlen könnte. So kam es, daß mit fortschreitendem Sommer die Keller immer leerer und die Gesichter der Münchner Biergartengeher immer länger wurden. Nur die Tölzer hatten riesige Keller unter ihrer Stadt, weil dort sehr weiche Böden sind, und ihnen ging das Bier im Sommer so schnell nicht aus. Im Gegenteil: Es entstand ein eigener Berufsstand, der das Tölzer Bier auf der Isar nach München transportierte, die Isarflößer. Heute aber fahren die Flöße erst ab Wolfratshausen die Isar hinunter, und sie dienen weniger dem Transport des Bieres als dem der Konsumenten dieses Getränks. So sucht man heutzutage auch im heißesten Sommer in München vergeblich nach einem Tölzer Bier.
Über das Kloster Reutberg, zu dem man von Bad Tölz über Sachsenkam fährt, haben wir schon im letzten Kapitel berichtet, weil die Brauereigenossenschaft Reutberg ihr Weißbier aus Bad Aibling bezieht. Aber wenn kein Nikolaus auf einen wartet, darf man natürlich nicht an Reutberg vorbeichauffieren, zumal Bad Tölz samt dem Grüner-Bräu eher zu den Sehenswürdigkeiten der zweiten Garnitur gehört.
Unsere nächste Station war deswegen Miesbach. Dort hat es nie eine klösterliche Niederlassung gegeben, die uns längere Zeit hätte in Anspruch nehmen können. Dafür blickt Miesbach aber auf eine Weißbiertradition zurück, die 1892 begann, 1920 von Lorenz Kloo weitergeführt und schließlich von Joseph Hopf im Jahre 1921 übernommen wurde.

Heute fabriziert die Hans Hopf-Kommanditgesellschaft, Spezialbierbrauerei ihres Zeichens, zwei Sorten von Hefeweißbier: Die erste ist ein Bock, der sich gegenüber seinen Artgenossen nicht gerade durch übermäßige Süße auszeichnet – zu stark „gehopft", befanden wir einstimmig, aber nicht nur wegen des Wortspiels. Überdies wird noch ein Export-Hefeweißbier gebraut, das gleich zweimal hintereinander den großen Preis der Deutschen Landwirtschaftsgesellschaft (DLG) gewonnen hat. Wir fanden es ausgewogen und erfrischend, aber nicht besonders süffig.

Die Hopf-Weißbiere entstehen in einer hochmodernen Brauereianlage, die wohl dem neuesten Stand der Technik entspricht. Für so ein Trumm hat natürlich das alte Sudhaus im Miesbacher Ortskern nicht mehr ausgereicht, und die Brauerei mußte hinausziehen an den Stadtrand, wo die Bierlaster ungestört laden können und der Denkmalschutz nicht vorschreibt, hinter was für einer Fassade der Fortschritt Platz haben muß.

Zu so einem Ausbruch aus dem alten Ortskern waren viele Mittelstandsbrauereien gezwungen, und es wäre ungerecht, zu behaupten, daß es in allen Fällen bloß die Vertreter der Braumaschinenhersteller waren, die dem alten Bräu eingeredet haben, daß er von einem Brauereimuseum mehr Geld für seine alten Sudpfannen bekäme als die Zinsen für die neue Bierfabrik kosten würden – innerhalb der Garantiefrist, versteht sich.

Freilich ist unser Buch nicht dazu da, daß sich die Edelstahl- und Plastikbrauereien auf uns berufen, deren

Manager auf sündteuren Kursen für „Führungskräfte“ gelernt haben, wie man mittels einer in die Landschaft geklotzten Wellblechhalle endgültig dafür Sorge trägt, daß einen das Landesamt für Denkmalpflege aus allen Listen streicht. Aber eins wollen wir nicht leugnen: daß uns zwei sanierte Mittelstandsbrauereien, die noch ein paar Wurzeln haben, immer noch lieber sind als eine Großbrauerei, die alles gleichschaltet und fernsteuert.
„Stell' Dir vor, der ‚Hopf‘ wär' überhaupt nicht da, wer hätte dann den DLG-Preis eingeheimst? Glaubst Du vielleicht, da hätte der ‚Schnellinger‘ oder gar ein ‚Unertl‘ nur die geringste Chance?“, fragte der Hamp.
„Genau!“, erwiderte der Michael, „da murren die Kleinbrauer zwar schon und beschweren sich, daß die Richtlinien für die Vergabe von DLG-Preisen einseitig auf die relativ sterilen Biere zugeschnitten sind, die halt aus so einer modernen Anlage herauskommen. Aber ehrlich: Glaubst Du, weil der Hopf da ein paar Medaillen eingeheimst hat, daß er im Nachbarort eine einzige Flasch'n mehr verkauft? Und in Miesbach hat er doch sowieso keine ernsthafte Konkurrenz!“
Wenn man davon absieht, daß sich die Münchner Paulanerbrauerei in den schönsten und stattlichsten Gasthof von Miesbach hineingekauft hat, den „Waitzingerbräu“.
So etwas wurmt natürlich schon ein bißchen, aber es ist im Sinn der Denkmalpflege vielleicht gar nicht so schlecht, weil es doch mit den riesigen Brauereigasthöfen von früher schon fast so ist wie mit alten Schlössern und

Herrensitzen: beim Kaufen muß man noch kein Geldsack sein, aber nachher ist es meist ein Faß ohne Boden. Und in so etwas können die Großbrauereien ihr Bier ruhig hineinschütten. . .

Der Michael hatte vorhin übrigens gar nicht so Unrecht gehabt: Im Nachbarort Hausham denkt die Freiwillige Feuerwehr daselbst gar nicht daran, ihren Durst mit dem schäumenden Hopf-Weißbier zu bekämpfen, sondern sie löscht ihn beim Weissbräu Peter Auer, wo auch die regelmäßigen Brandbesprechungen stattfinden.

Deren pyrotechnische Ergiebigkeit wurde allerdings beim Stammtisch daneben starken Zweifeln unterzogen, denn wir hörten deutlich, wie einer sagte: „Die wenn a Zündhölzl löschen, hocka's wieder drei Stund' in der Wirtschaft!" – „Wobei es überhaupt nix ausmachen würd', wenn man in den drei Stunden nur ein einziges Weißbier trinkt, weil laxer kann des ja gar nimmer werd'n als es ist!", murmelte der Michael, als dann ein Weißbier vor ihm stand. Und auch der Hamp konnte nicht die geringsten Spuren von Hefe oder Kohlensäure in dem ansonsten nicht übel schmeckenden Gebräu ausmachen: „Für moderne Schaumlöschverfahren völlig ungeeignet!" stellte er fest, trank mühelos auf einen Zug aus und drängte zur Weiterfahrt nach Bachham, nicht ahnend, daß er dort für den Hefemangel des Weißbiers mehr als entschädigt werden würde.

So fuhren wir mindestens so schnell wie die Freiwillige Feuerwehr von Hausham auf die Salzburger Autobahn, um unsere Verabredung einzuhalten.

Dieses Bachham ist nur auf wirklich guten Karten verzeichnet. Man findet es in der Nähe von Eggstätt zwischen dem Pelhamer- und dem Laubensee, zwei kleinen Gewässern am Nordwestende des Chiemsees. Aber offenbar besitzen recht viele Leute gute Karten, denn der Andrang im Weissbräu von Bachham ist ziemlich groß.
Hier trafen wir also endlich auf den Nikolaus, der uns schon erwartete. Als wir zu dritt die überfüllte Gaststube betraten, wies uns der geradezu erstaunlich g'wamperte Gastwirt mit einer gewaltigen Kopfbewegung in den Nebenraum. Das war kein geringerer als Peter Birner, der Weissbräu selber gewesen.
Kaum saßen wir, da ertönte hinter uns eine Stimme, wie sie wohl niemand mehr vergißt, der sie einmal gehört hat: „Whoos drrrrnkn Sie?“ – Das Geräusch erinnerte an eine rostige Kolbenpumpe, die nach langem Stillstand wieder bewegt wird, und wir wußten sofort Bescheid: Diese Kellnerin duldete keinen Widerspruch!
Das mußten auch die Gäste am Nebentisch erfahren, Eltern einer verzogenen und heiklen Tochter, der das bestellte Ochsenfleisch zu trocken war. Und so wurden wir Zeugen folgenden Dialogs:
„Tschuldigen Sie, Fräulein! Könnten wir vielleicht 'ne Portion Butter haben. Das hier ist ja wohl etwas trocken!“ – Man hörte die Kellnerin keuchend Luft ansaugen: „Hhwoos? An Butta woin's do drauf? Den bring i Eana fei net! Des paßt ja überhaupt's net! Do g'hört a Meerrettich drauf!“ – „Aber, wenn Sie vielleicht

noch etwas klare Brühe erübrigen könnten, Fräulein?" – „Naaa! Meerrettich!!" Und damit war die Diskussion beendet.

Und schon kam sie mit unserem Weißbier.

Dieses Bachhamer Hefeweißbier war das einzige Produkt seiner Art, das man wirklich nur am Ort seiner Herstellung bekommen hat. Es ist uns auch nur ein einziges Mal gelungen, der Kellnerin eine Flasche abzuschwatzen, selbst wenn wir zum Tausch alte Bügelverschlußflaschen dabei hatten.

Denn selbstverständlich wurde es nur in diesen alten, unetikettierten Flaschen in Bachham zum Ausschank gebracht.

Es war auch das einzige Weißbier, bei dem wir niemandem empfohlen hätten, die ganze Hefe mit einzuschenken, weil man mit dem Überschuß ohne weiteres eine große Reine Rohrnudeln hätte backen können. Wenn man wirklich einmal die ganze Hefe eingeschenkt hatte, erhielt man ein Getränk, das in seiner Farbe einem Milchkaffee nicht unähnlich war und verständlicherweise nicht mehr sehr viele Geschmacksnuancen besaß.

Das Bachhamer Weißbier war damit das ideale Aperitif-Weißbier.

Einen guten Appetit kann man auch immer brauchen in Bachham, denn nirgendwo sonst bekommt man so große und billige Chiemseefische wie dort, was sich sogar schon bis zur Spitze des Münchner Rathauses durchgesprochen hatte, die man freitags gelegentlich dort antrifft.

Nun wird aber der aufmerksame Leser schon an unserer Formulierung gemerkt haben, daß es das Bachhamer Weißbier heute nicht einmal mehr in Sammlerkühlschränken gibt. Und wer dann die Chefin nach der Ursache fragen sollte, bekommt ungefähr folgende Antwort: „Ja mei, im März 81 is' uns halt a Teil von der Anlag' kaputtgangen, und des Reparieren, des hätt' sich auch nimmer g'lohnt, weil, unser Sohn, der hat ja Koch g'lernt und net Brauer, und zwei Herren kann man halt net dienen, sagt ma. Ja, ja, ein Zahnrad wenn einmal kaputtgeht in der Maschin', dann bricht halt gleich der ganze Kreislauf z'samm, so wird's uns auch amal gehn. Und früher ham ma ja des Rothenmooser Weißbier auch schon öfters herg'nommen, wenn der Vater amal krank war. Und sie machen's ja eh nach unserm Rezept. – Mei, – wenn was weg is', dann is's weg, dann braucht ma nimmer aufschau'n!"

Freilich ist es uns schon aufgefallen, daß der Peter Birner in letzter Zeit immer seltener vor einem Weißbier sitzt. Ob's ihm nicht mehr schmeckt oder ob er abnehmen muß, wissen wir nicht. Aber wie wir vor kurzem an einem Werktagnachmittag in Bachham gewesen sind und außer uns und dem „Vater" nur mehr ein einziger Gast in der Wirtsstube saß, ist es zu folgendem, vielsagendem Dialog gekommen:

Der Birner hockte mit dem schon leicht schwitzenden Gast am gleichen Tisch; beide starrten bedeutsam in weite Fernen. Natürlich trank der Gast ein Weißbier, der „Vater" aber nuckelte an einem Schorle herum. Nach

einer Weile, als der eine sein Weißbier getrunken hatte, seufzte der Birner ein paarmal und sagte dann eher feststellend als fragend: „Trinkst oiwei no so vui, Franz."
Worauf sie beide weitere fünf Minuten vor sich hinschwiegen, bis schließlich der andere tief einschnaufte und in jammerndem Ton endlich ein „Ija!" und nach einem weiteren Luftholen noch ein „Mei!" hervorbrachte.
Nun aber zurück zu unserem letzten Besuch, als der Weißbräu in Bachham noch jede Woche 64 „Kisten" Weißbier aus eigener Herstellung anzubieten hatte. Als wir mit dem Essen fertig waren, rieb sich der Nikolaus zufrieden die Hände und sagte: „So! Jetzt fahr' ma zu mir nach Bergen, saunen a bisserl und abends geh'n mir dann zum Simmerl. Aber vorher zeig' ich Euch noch was. Fahrts ma einfach nach! Es ist gar nicht weit."
Und jetzt mußte der Hamp die Erfahrung machen, daß es Ortschaften gibt, die auch auf seiner Karte nicht verzeichnet sind: So eine ist Pavolding. Überall stehen dort die Plastiken des Bildhauers Heinrich Kirchner herum. Da sind Bronzefiguren mitten unter Kühen auf der Weide.
Hamp würgte ein Bronzeschaf, Michael photographierte ihn dabei und Nikolaus dachte über die Relativitätstheorie nach. Die Formel $E = mc^2$ diente in Pavolding nämlich zur Beschriftung einer Bronzenase, die zu einer unzweifelhaft männlichen Figur gehörte. Ein seltsamer Ort, an dem man über sich selber verblüfft sein kann.

Der Künstler muß sich über unseren souveränen Umgang mit seinen Werken recht amüsiert haben, denn er kam bald heraus und bemerkte, daß die Kunstwerke nicht ausschließlich zu dem Zweck dastünden, daß andere sich etwas dabei denken, sondern daß er selber sich auch etwas dabei gedacht habe, auch wenn man das nicht auf den ersten Blick sieht. Immerhin findet man außer der schon erwähnten Weltformel Einsteins auf den meisten seiner Plastiken eine Art Gebrauchsanleitung, einen Satz aus der Bibel oder anderes aus dem Fundus der Weltweisheit.
Heinrich Kirchner selbst hat sich nach jahrzehntelanger Tätigkeit an der Münchner Akademie hier in den Chiemgau zurückgezogen und führt einen gern auch durch seinen Garten, wenn man seine Zeit nicht allzu unbescheiden in Anspruch nimmt.
An seinem Schuppen lehnt ein schon von Grünspan überzogenes Kirchenportal, das er im Rahmen des Wiederaufbauprogramms der Stadt München für St. Peter geschaffen hat. „Aber dann war auf einmal ein neuer Pfarrer da, der das Werk nicht mehr haben wollte", erzählte Kirchner nicht ohne Bitterkeit. Und wie er dann wenigstens das Material und die Arbeitszeit in Rechnung gestellt hat, da wollte keiner mehr zuständig sein. Unlängst – 1982 – hat wenigstens Kirchners Geburtsstadt Erlangen etliche seiner Bronzen in ihrem Stadtpark aufgestellt. Ein Trost für den nunmehr 80jährigen Jubilar, der trotz vieler Besucher in Pavolding einen Ort der Ruhe gefunden hat, der seinen Experimenten mit Bronze

und Landschaft sicher viel besser als jeder Stadtpark entgegenkommt.
So gesättigt an Geist und Körper kamen wir endlich nach Bergen, wo wir uns bis zum Abend ein bisserl ausruhten.
Der Simmerl ist die Mesnerwirtschaft in Urschalling, genauer gesagt, er ist der Wirt, und zwar der einzige, den es dort gibt.
Urschalling, kurz vor Prien auf einem Hügel gelegen, kennen die meisten wohl, wenn überhaupt, wegen seiner bekannten Kirche. So ging es uns damals auch.
Der Dreck drumherum war aber sicher nicht das einzige Hindernis, das es zu überwinden galt, als wir in diese Kirche hineinwollten: Obwohl man romanische Fresken bestimmt nicht wegtragen kann, ohne die Mauer niederzureißen, liefen um den Eingang herum angriffslustige Wehrschafe, die uns beinahe zu einem kostenlosen Moorbad verholfen hätten.
In der Kirche war es dann stockdunkel, aber man konnte sich bei der Mesnerbäuerin zum Trost einen ausführlichen Kirchenführer kaufen, den der bekannte Münchner Philosophieprofessor Walter Brugger verfaßt hat. Schon an dem gelehrten Namen merkt man, daß viel drinstekken muß in der Urschallinger Kirch', und was ein gewiefter Jesuit wie der Pater Brugger ist, holt sogar noch mehr heraus als drinsteckt.
Jedem Menschen, der sich in der dunklen Kirche wenigstens zweimal den Schädel angerannt und der geraume Zeit auf das Säubern seiner Schuhe verwendet hat, müßte

eigentlich von Rechts wegen ein Sitzplatz beim Simmerl zustehen. Möchte man meinen.
Und tatsächlich ist auch meistens ein Tisch ganz frei, wenn man die kleine, um nicht zu sagen winzige Gaststube betritt, aber der bleibt auch frei, weil es nämlich der Stammtisch ist. Der Simmerl verfährt hier radikal nach seiner ureigenen Maxime: Wenn irgendwo noch ein Krug auf dem Tisch Platz hat, dann muß auch für den dazugehörigen Gast noch ein Sitzplatz da sein: „Geh Leut'", sagt er dann, „ruckts doch no a bisserl z'samm! Es san ja eh koan Preiß'n, sonst waar's ma doch wurscht!" – „Ah geh' freilich, Simmerl", kommt es dann, „die paar Leut' bring' ma scho no unter. Schließlich san scho Kloanere im Rucksack dafroan! Setzts Euch nur her zu uns!"
Und wenn man sich dann noch gehörig vorstellt und etwa sagt: „Des wird schon Euer Glück g'wesen sein, weil wir zu dritt scho Kloanere g'schlag'n ham!", spendieren einem die Leute zur Begrüßung vielleicht sogar einen „Urdei", den Spezialschnaps vom Simmerl, welchselbigen „jeder amoi" getrunken haben muß.
Ansonsten, es mag den Leser vielleicht überraschen, fahren wir wirklich nicht wegen dem Weißbier zum Simmerl. Als Münchner bräuchten wir wohl auch nicht so weit zu fahren, um ein Löwenbräu-Hefeweißbier zu trinken. Wir geben zwar zu, daß die Löwen-Weisse in letzter Zeit ganz entschieden besser geworden ist. Das mag daran liegen, daß dem Löwenbräu dank ungeheurer Werbung das Weißbier nicht mehr ewig lang im Keller

herumsteht, sondern frisch weggetrunken wird, kann aber auch mit dem Aufkauf einer kleinen Münchner Weißbierbrauerei zusammenhängen, deren Namen wir erst später erwähnen wollen. Wir jedenfalls trinken in Urschalling das sehr gepflegte Helle vom Löwenbräu, weil man es dort noch vom Holzfaß und, im Gegensatz zu den meisten Münchner Wirtschaften, noch in Keferlohern bekommt.

Merkwürdigerweise genügen die paar Steinkrüge auf dem Tisch, das eiserne Stammtischfreihalten, der „Urdei" und das hautnahe Zusammenrücken der Gäste, um dieser Wirtschaft eine so unglaublich angenehme Atmosphäre zu geben, daß einen nicht einmal die wenigen vorlauten Chiemgausnobs vom Urschallinger Golfplatz zum vorzeitigen Abbruch der Brotzeit bringen können.

Und nicht zuletzt ist es wohl der Simmerl selber, der diesen Völker- und Charaktermischmasch, der sich sonst so gern aus dem Weg geht, mit der größten Souveränität zusammenzwingt. Dabei schaut er genau so aus, wie sich die Preiß'n „so nen richtigen Bajuwaren" vorstellen: Krachlederne, Vollbart und einen Trachtenhut wie aus der Garderobe vom Hamburger Ohnsorg-Theater. Und irgendwie haben wir ganz furchtbar lachen müssen, wie wir den Simmerl zum ersten Mal gesehen haben: „Da meint ma jeden Augenblick, daß er sein Brotzeitmesser aus der Lederhos'n zieht und es in die nächstbeste Tischplatt'n neihaut." „Aber aus der Tischplatt'n täten ja nur die Sägspän' rausrieseln, weil die ganze Einrichtung ja echtes Löwenbräu-Standard-Furnier ist!"

Und so lästert und lästert man weiter, daß sich der Simmerl so anbiedert ans Bayernklischee, und dann kommt er an den Tisch und haut einen so richtig um mit seinem ungekünstelten Charme. . .

Dem Leser aber, der jetzt noch nicht gemerkt hat, warum Urschalling in diesem Buch seinen Platz gefunden hat, obwohl wir dort kein Weißbier trinken, dem ist wohl eh nicht zu helfen.

Ebenso wird es ihm rätselhaft bleiben, warum man Urschalling nicht auf der zweiten Silbe betont, – und einen „Urdei" wird ihm auch niemand spendieren.

Am nächsten Morgen brachen wir frühzeitig aus Bergen auf, ohne den Nikolaus zu wecken. Der wollte ja den ganzen Tag über Tennis spielen, und Sportler brauchen halt viel Schlaf. Außerdem hatten wir am Abend vorher ausgemacht, daß er für ein ordentliches Abendessen sorgen sollte, während wir uns um die Getränke kümmern würden.

„Für jedes neue Weißbier, das ihr morgen abend heimbringt's, mach' ich einen Gang mehr zum Essen!" hatte der Nikolaus unvorsichtigerweise versprochen. „Ich kauf' schon genügend ein!"

Ja, wenn er da schon gewußt hätte, daß wir gleich mit 18 neuen Sorten heimkommen würden. . .

Schon auf unserer ersten Station in Traunstein konnten wir drei Sorten auf unserem Konto verbuchen: Zuerst das Kiesel-Hefeweißbier, dann das von der Brauerei

Schnitzlbaumer, die wir natürlich leicht fanden, weil sie samt Brauereigasthof gleich neben der Pfarrkirche am Stadtplatz liegt.

Die alte Salzsiederstadt Traunstein mit ihrer Salinenhofmark hat schon früher einen gewaltigen Weißbierdurst entwickelt. Um ihn zu löschen, hat Kurfürst Maximilian I. im Jahre 1612 ein Weisses Bräuhaus errichten lassen, dessen Tradition heute die Firma Weißbräu Traunstein GmbH fortführt, eine GmbH, die offenbar sowohl mit dem jetzigen Hofbräuhaus Traunstein als auch mit der Brauerei Aying zusammenhängt, die beide ihre Weißbiere von dort beziehen. Von der leichten Hefetrübung, die das Etikett des Hofbräuhauses versprach, haben wir allerdings nichts bemerkt. Die Hefe wollte rein gar nichts mit dem übrigen Bier zu tun haben. Da wir den Leser nicht mit den brautechnischen Ursachen dieser Unausgewogenheit langweilen wollen, versuchen wir es mit einer historischen Erklärung aus der Brautradition dieses Traunsteiner Hofbräuhauses.

Dessen Weißbier war ja ursprünglich nur für die Salinenhofmark und den Hof gedacht. Und wie der Adel sich damals vom gewöhnlichen Bürger absetzte, scheint sich auch heute die Hefe vom übrigen Bier zu distanzieren. Das mag ein persönlicher Eindruck von uns sein. Tatsache ist jedenfalls, daß es zur Zeit Maximilians I. für den einfachen Mann gar nicht so einfach war, in den Genuß einer Halben, geschweige denn einer Maß Weißbier zu kommen. Weißbiertrinken war nämlich ein Privileg der oberen Schichten. Und das war sogar gesetzlich verankert, wie der Freiherr Wiguläus von Kreittmayr einmal geschrieben hat: „Das Gerstenbier auf die weisse Art oder obere Gier ist nur bestimmten Ständen benantlich zu Nieder-Schönen-Feld, Fürstenstein, Seefeld, Tittling, Hasel- oder Pörnbach Pfleggerichts-Pfarrkirchen vergönnt. All übrigen aber wird solches so gar nur zu Haus Notdurft oder zur Medizin geschweigens zum Verkauf bei dreihundert Gulden Straf, das drittemahl aber bei völliger Verwirkung der Bräu-Gerechtigkeit verbotten." Natürlich schützten die Fürsten fadenscheinige Gründe vor dieses Weißbierprivileg: Kreittmayr führt dazu aus: „In hiesigen Landen befindet sich dießfalls ein merklicher Unterschied zwischen den Weis- und Braunen Bier. Das Weisse Weizen-Bier war vor diesem durchaus verbotten, und nach Inhalt des General-Mandat vom 22. Decembr. 1576 aus doppleter Ursach, theils, weil zu viel Weizen dadurch verbraucht wird, theils, weil es ein unnützes Getranck ist, das weder führt noch mehrt, noch Kraft und Macht gibt, sondern nur zum Trinken reizt."

Bayerns größter Staatsmann, Kurfürst Maximilian I., hatte von seinem Vater einen ganzen Batzen Schulden geerbt. Aber er hätte seinen breitgrinsenden Registrierkassenblick bekommen, wenn er Kreittmayrs Nachsatz gelesen hätte, daß das Weißbier „nur zum Trinken reizt". Genau das war ja Maximilians Erkenntnis gewesen, als er 1602 von den niederbayerischen Degenbergern das Weißbierprivileg geerbt hatte und es nicht, wie bis dahin üblich, weiterverlieh, sondern es erst zum herzoglichen und dann zum kurfürstlichen Privileg machte. Neun Jahre nach Maximilians Geniestreich lechzte schon Wallenstein in seinem böhmischen Feldlager so nach dem Getränk des Kurfürsten, daß er schrieb: „Derweil ich sonst nichts trinken kann, bitte ich, man thue die Anordnung, auf daß für mich Weizenbier gebracht werde. . ." Ach, wenn doch Maximilian dem Wallenstein geantwortet hätte: „Komm doch selbst hierher mit Deinen Truppen, nach München, damit Du Dir ein frisches Weißbier gönnen kannst!", dann wäre der Dreißigjährige Krieg wohl schon früher zu Ende gegangen und den Münchnern mancher „Schwedentrunk" erspart geblieben . . .

Aber ganz so weitsichtig war er halt doch nicht, unser Maximilian . . .

So merkten auch die freien Reichsstädter zu Nürnberg ziemlich rasch, daß die bayerischen Herrscher mit dem Weißbier einen Riesenreibach machten. Nürnberg kannte zwar die Weizenbiere schon seit 1541, als der Niederländer Hans Kräne sie in ihrer Stadt zu brauen begann. Doch im protestantischen Nürnberg war die Reputation des Weißbiers zunächst noch so gering, daß nur die sogenannten „roten", nicht aber die weißen Bierbrauer in den Ehrenstand des Rates erhoben wurden. Erst gute hundert Jahre später, als in Frankreich gerade Ludwig XIV. den Thron bestieg, begann man auch in Nürnberg so richtig mit dem Weißbierbrauen, nachdem einige erfahrene Braumeister aus Altbayern, vor allem aus Regensburg, angeworben worden waren.

Dann aber wollte man es den bayerischen Kurfürsten gleich richtig zeigen, daß man es zumindest weißbiermäßig mit ihnen aufnehmen konnte: Anno 1671 haben die Nürnberger sogar eine Münze schlagen lassen, als sie ihr Weizenbierbrauhaus errichtet hatten.
Freilich dachten die bayerischen Herrscher vor allem an die klingende Münze aus dem Weißbiermonopol und wichen der reichsstädtischen Konkurrenz keinen Fußbreit. Und noch heute muß man in Altbayern lang suchen, wenn man eines der guten Nürnberger Weißbiere trinken will. . .
Maximilian hatte mit dem Weißbiermonopol jedenfalls auf das richtige Pferd gesetzt. Was nützte es da dem bayerischen Adel und seiner Ständevertretung, als er im Jahre 1612, schon zehn Jahre nach Maximilians Handstreich, den kläglichen Versuch machte, das Weißbiermonopol des Herzogs anzuschwärzen?
„Des Herzogs Weisse Bräuhäuser", klagten sie, „sind unseren Kassen schädlich. Ist doch das Biersieden noch das einzig einträgliche Gewerbe. Das viele Weißbierbrauen aber steigert den Preis des Weizens. Deshalb werden auch die Brote so klein. Überdies ist es gesundheitswidrig, dieweil es weder sättigt noch den Durst löscht." – „Genau!", mag er gesagt haben, der Maximilian, und sich dabei die Hände gerieben haben, „genau so ist es!"
So war das also mit den Weißen Hofbräuhäusern, von denen es auch eins in Traunstein gab.
Wir aber fuhren weiter in Richtung Trostberg.

Kurz davor ergriffen wir aber vor den Ausdünstungen der Süddeutschen Kalkstickstoffwerke die Flucht auf die Baumburg bei Altenmarkt, die wir angesichts der gräßlichen Chemieschwaden im Tal für den wahren Trostberg hielten. Und das liegt nicht nur an der ehemaligen Stiftskirche, deren stämmige romanische Türme der unfreundlichen Umgebung immer noch zu trotzen wissen, so daß sich im Innenraum der Rokoko in all seiner Leichtigkeit und Fröhlichkeit entfalten kann. Es liegt auch an der Baumburger Brauerei, die wohl direkt aus den Händen der Augustinerchorherren übernommen worden ist, welche vor der Säkularisation auf der Baumburg beheimatet waren.

Die heutigen Besitzer behaupten voller Stolz, das „As" unter den Bieren herzustellen. Ob die Baumburger Hefe-Weiße auch zu den Trümpfen dieser Brauerei zählt, wagen wir nicht zu beurteilen: es kommt wohl darauf an, welches Spiel man spielen will, und wie viele Mitspieler man zuläßt. Auf jeden Fall aber hat die Baumburger Brauerei damit ihren Konkurrenten Schwendl aus dem nahen Schalchen ausgestochen. Denn bis vor kurzem wurde auf der Baumburg, jedenfalls was Weißbier betrifft, nur dieses Schalchener Bier angeboten. Vielleicht hat man wieder ein altes Klosterrezept ausgegraben, um der „bürgerlichen" Konkurrenz das Brauwasser abzugraben.

Ja, hätten wir bei unserem damaligen Erstbesuch statt einiger Flaschen Schwendl Weizen-Export und Schwendl Weizenbock einen Kasten Baumburger Hefe-

Weiße aus der Brauwirtschaft herausgeschleppt, die Brauereiangestellten hätten uns bestimmt nicht mitleidig zugerufen: „Ach, nehmts Euch doch lieber a Faß Helles mit, des is wenigstens von uns!"

Aber wir wollten endlich zur Salzach hinüber, genauer gesagt nach Raitenhaslach, einer alten Zisterzienserabtei.

Und das hatte schon seinen Grund: Diesmal hatten wir uns bei der Vorbereitung zu unserer Weißbierfahrt nicht begnügt, verschiedene Arten von Leergut in den Kofferraum zu laden, sondern, wie der Leser sicher schon bemerkt hat, hatten wir uns auch in verschiedenen Bibliotheken umgeschaut, was an Lehrgut über die einzelnen lila Punkte vorhanden war, die wir besichtigen wollten. Da stand zum Beispiel in einer „Wirtschaftsgeschichte der ehemaligen Cistercienserabtei Raitenhaslach bis zum Ausgang des Mittelalters" aus dem Jahre 1937 von Edgar Krausen, daß man im Jahr 1313 „in Raitenhaslach nicht nur das zu jener Zeit ortsübliche, wenig haltbare Haferbier braute, sondern daß man dort daneben das viel besser mundende Gerstenbier herstellte, wie auch schon das Weißbier (Weizenbier), das sonst in den Klöstern im Allgemeinen erst seit der Mitte des 16. Jahrhunderts gebraut wurde."

Wenn es also diese Brauerei noch geben sollte, so dachten wir uns, dann könnte es die älteste Weißbierbrauerei der Welt sein.

– Wie wenig Ahnung wir doch damals hatten, wo doch schon viel früher im alten Mesopotamien das obergärige

Weißbier mit großen Strohhalmen aus tönernen Kelchen geschlürft wurde, wie man das noch heute mit dem Berliner Weißbier tut . . .

Aber immerhin wußten wir doch, daß der Braumeister Franz Alois Mayer, der die Rokokokirche auf der Baumburg gestaltet hatte, auch in Raitenhaslach tätig gewesen war.

Nach Raitenhaslach muß man ein bisserl den Berg hinunter fahren an die Salzach. Und es kann einen zweifellos wundern, daß man das Kloster in eine Niederung gebaut hat, wo doch die Gegend drumherum Hügel genug hätte, die den braven Mönchen viel eher Schutz vor Hochwassern, Räubern und sonstigen Widrigkeiten hätten gewähren können, als eine Niederung das tut.

Aber noch bevor der Michael seiner Verwunderung darüber Ausdruck geben konnte, erging sich der Hamp schon in gelehrten Ausführungen: „Benedictus montes amabat! Ha! Ha! – Benediktiner bauen auf Bergen! Zisterzienser aber in den Flußtälern und an den Teichen. Weißt Du warum? Weil das eben ein ganz strenger Orden war, wo man besondere Sorgfalt auf das freitägliche Fleischverbot verwenden mußte. Und damit die vielen fetten Fische auch immer schön frisch sind, hat man die Klöster eben so nahe ans Wasser gebaut, daß man von der Mönchszelle aus bequem die Angelrute werfen konnte!" –

„Heut' is zwar net Freitag", sinnierte der Michael, „aber wir wollen ja abends den Nikolaus anständig schädigen. Da könnt' ma uns scho mit so einem Salzachfischerl begnügen zum Mittagessen. Und in der Klosterwirtschaft könn' ma den Fisch auch noch standesgemäß schwimmen lassen. Die Brauerei Raitenhaslach gibt's nämlich noch!"

Und schon ließ er das Auto im Klosterhof vor der Brauereigaststätte ausrollen.

Auf der ausgehängten Speisenkarte am Eingang suchte der Michael zielsicher unter der Rubrik „Getränke" und wurde auch gleich fündig. „Na bitte, ein Weißbier gibt's. Aber was für eins . . hoffentlich kein Erdinger!" „Wieninger, Teisendorf", erwiderte der Hamp trocken. – „Wieso Wieninger?" – „Dreh' Dich doch einmal um!" Und da stand er, der grüne Lastwagen aus Teisendorf. „Auweh, aufgekauft!", stöhnte der Michael. „Aber wenigstens können mir jetzt feststellen, ob der Wieninger ein Weißbier hat!"

Wir brauchten nicht auf den LKW zu klettern, um festzustellen, daß wir uns endlich einmal geirrt haben: Es war nämlich keine einzige Wieninger-Flasche auf dem Lastwagen, sondern alle Flaschen trugen das ovale Etikett der Klosterbrauerei Raitenhaslach mit dem goldenen Bischofsbild darauf, als hätte der Heilige Bernhard selber die Hefe auf die Würze geworfen.

Aber ganz so sakral ist es wohl nicht zugegangen, auch wenn der heutige Besitzer noch so stolz auf die klösterliche Tradition seiner Brauerei hinweisen will. Die feinen Zisterzienser in ihrer weißen Tracht hatten sich nämlich ganz anderen Aufgaben verschrieben: Sie schickten die Holzknechte umeinander und zeigten den Bauern, wie man urbares Land aus den Wäldern herausschlägt. Da war man sicher froh, wenn den Haushalt des Klosters weltliche Kräfte besorgen konnten, so daß das Bier schon auf dem Tisch stand, wenn man abends erschöpft in die Zelle zurückkehrte. Erst als dann die Säkularisation hereinbrach und eh schon alles verloren war, hat sich ein Geistlicher um die Klosterbrauerei kümmern können. Der war dann aber kein Weißmantel aus dem Orden der Zisterzienser, sondern ein armer Kapuzenbruder aus der Gemeinschaft des Heiligen Franz von Assisi, der in seiner braunen Kutte ohnehin viel besser zu den kupfernen Sudkesseln paßte als die Söhne des Heiligen Bernhard.

Und als dann auch Raitenhaslach dem Auktionshammer zufiel, hat es volle sechs Ausrufe gebraucht, bis sich der Urahn des heutigen Besitzers für lumpige 15 800 Gulden in die alte Braustätte hineinsteigerte.

Immerhin ist seit diesem 30. Juni 1804 die Brauerei mit dem Namen Baumgartner verbunden, und irgendwie weht doch ein Hauch von Heiligkeit durch die moderne Braustätte, wenn man durch den stuckierten Wandelgang zum Büro geht.

Wir haben dort gleich einen ganzen Kasten gekauft, und zwar jeder.

Vielleicht ist das Raitenhaslacher Hefeweißbier doch nicht das älteste der Welt, mit Sicherheit aber eines der besten. Bis jetzt kam es uns immer sehr ausgewogen vor, hatte reichlich Hefe und Kohlensäure und roch ausgesprochen würzig und angenehm. Stets erwies es sich als vorzüglicher Durstlöscher, und wir haben es dem Wieninger nie verargt, daß er es gleich lastwagenweise wegkaufte. Mittlerweile ist aber auch der Wieninger selbst darauf gekommen, daß sich mit einem eigenen Weißbier bessere Geschäfte machen lassen, als wenn man nur ein fremdes verkauft. Und so soll es neuerdings auch ein Hefeweizen aus Teisendorf geben, dessen Qualität sich durchaus mit dem Raitenhaslacher messen kann. Wir waren selber noch nicht dort, aber ein gutes Vorbild hat der Teisendorfer Braumeister da wirklich gehabt. – Aber das nur nebenbei.

Als wir aus dem Brauereibüro herauskamen, waren wir eh schon so nahe beim Eingang der Kirche, daß wir beim Hineingehen unsere Kästen einfach neben dem Portal abstellten, in der Hoffnung, daß der normale Kirchgänger an seinem Rosenkranz keinen Flaschenöffner hängen hat.

Da scheint der Kirchenmann schon eher Angst vor Dieben zu haben: Denn das schmiedeeiserne Gitter, das den düsteren Vorraum von dem überaus farbenfrohen Kirchenschiff abtrennt, ist fest und unwiderruflich geschlossen. Dabei möchte man so gern weitergehen! 60 Meter ist die Kirche lang, und der Blick wird wie magisch auf den Chorbogen hingezogen, einen in azurblauem Silber gehaltenen Vorhang aus Holz, der von vier weißen Engeln auseinandergezogen wird und den Blick auf den herrlichen Hochaltar freigibt. Die zehn Seitenkapellen kann man nur ahnen, leider, denn der Gesamteindruck der Kirchenausstattung ist überwältigend. Zu allem

Unglück kann man auch nur Teile des Deckenfreskos erkennen, wenn man hinter dem Gitter steht: Da wird das Leben des heiligen Bernhard dargestellt, der den Zisterzienserorden gegründet hat. Man sieht Jesus Christus, wie er sich mit seinem Blutstrahl dem heiligen Bernhard vom Kreuz herab zuneigt. Engel schubsen Bischofsstab und Mitren beiseite, Symbol für die von Bernhard, dem Mönch, abgelehnte Bischofsmütze.
Das riß den Hamp natürlich gleich zu einer Bemerkung hin: „Peinlich, daß man da auf dem Etikett von der Klosterbrauerei ausgerechnet an Bischof abgebildet hat, wo doch der Ordensgründer gar keiner sein wollt'!" – „Schmarrn!", entgegnete der Michael, „die ham sich doch nie an ihren Ordensgründer g'halten. Denk doch an Stift Zwettl in Niederösterreich, des waren doch auch Zisterzienser, da hat doch kein Mensch daran gedacht, daß es da ein Turmverbot gegeben hat für diesen Orden! Und hier – lies doch! 1397 erhielten die Äbte das Recht zum Tragen der Inful! Die waren infuliert, net wahr!" – Ja, manchmal muß man schon selber nachschauen, wenn man so ein Wort lange nicht versteht, so wie das mit dem Wort „infuliert" bei uns gewesen ist. Sie erinnern sich doch an Grafing, lieber Leser?
Auch wir wüßten heute noch nicht, welche Schätze die Kirche beherbergt, wenn wir die Sache nicht eines Tages selber in die Hand genommen hätten. Es war an einem Karfreitag, an dem wir schon eine halbe Stunde vor dem Beginn einer kirchlichen Veranstaltung die Frechheit besaßen, in die Kirche hineinzuwollen.

Da ohnehin einige Kinder unter den lila Altartüchern Versteck in der Kirche spielten, glaubten wir, keine allzugroße Sünde zu begehen, als wir über eine Bank stiegen und dann neben dem Gitter in die Kirche vordrangen.

Unser Vorsprung sollte genau für sechs Photos reichen, ehe ein wutschnaubender, schwarzgekleideter Mensch erschien, der uns, nicht etwa die tobenden Kinder, hinauszuscheuchen suchte. Der Michael konnte gerade noch das Prunkstück der Kirche aufs Photo bannen, während der Hamp den zeternden Zerberus hinhielt: Es war die „Mater dolorosa", eine der ergreifendsten Figuren, die wir kennen. Aber dann beschimpfte uns dieser Mensch auch noch als Kirchendiebe, und da langte es uns.

Nicht nur, daß man trotz großem Feiertagsandrang nicht in eine mit hohen staatlichen Zuschüssen restaurierte Kirche kann, sondern, daß ein Gotteshaus eine halbe Stunde vor Beginn einer offiziellen Karfreitagsandacht geschlossen bleibt wie ein Schalter beim Einwohnermeldeamt, nicht nur, daß die Kinder um die Altäre herumtollen dürfen, sondern auch, daß gewaltlos eingedrungene Phototouristen gleich zu Kirchendieben gestempelt werden, ist für uns Grund genug, für diesen kirchlichen Würdenträger zwar die Absolution vor dem lieben Gott zu erbitten, die kirchliche Obrigkeit aber gleichzeitig einmal um die Überprüfung solcher Zustände zu ersuchen!

Wenn man solche Kirchen nämlich nur schwarzen

Kapuzenmännern und ungezogenen Kindern aufsperrt, hätte man sie besser an kunstsinnige Mäzene vergeben sollen oder sie an Antiquitätenhändler verscheuert, so wie man das mit der nahen Wallfahrtskirche der Zisterzienser von Raitenhaslach auf dem Marienberg einmal vorgehabt hat.

Oder sagen wir besser: Einer hatte das vor, der gierige Landgerichtsrat Freiherr Graf von Armansperg. Er beschrieb die wuchtige Kirche als „baufällige Feldkapelle" und ließ Bauern foltern, die in Bittschriften an den König um die Erhaltung ihrer Marienkirche flehten.

Der Bau, der sich auf einer Hügelkuppe über Raitenhaslach erhebt, hat in der Tat etwas von einer Kapelle an sich – allerdings von einer, die ins Gigantische hinausstrebt. Es ist ein ganz einfacher, quadratischer Grundriß, den man aber mächtig in die Höhe getrieben hat. Und um diesen robusten Eindruck noch zu verstärken, hat der Baumeister die Ecken gleichsam hinausgewölbt, so daß man nicht gleich sieht, wie lang die Kirche ist, wenn man über die italienisch anmutende Freitreppe hinaufgestiegen kommt.

Und um die Vorderfront auch noch möglichst wuchtig erscheinen zu lassen, hat man auf der gegenüberliegenden Seite zwei massive Türme ins Mauerwerk hineingedrängt, die das Dach kaum überragen. Kaum daß noch ein Friedhof auf der Hügelkuppe Platz gefunden hat! Innen dann der reifste Rokoko – wieder hat Franz Alois Mayr hier die Feder geführt. Und es ist wirklich ein bisserl mehr drin als „mehrere Kästen von Schreiner-

Arbeit und andere kleine Geräthschaften“, wie der Graf von Armansperg im Jahre 1806 der Münchner Regierung weismachen wollte. Kein Wunder, daß der Kronprinz Ludwig anläßlich einer persönlichen Inspektion der „kleinen Geräthschaften“ den Landgerichtsrat gefragt haben soll, ob „bei ihm im Kopf etwas baufällig“ sei. Der kleine Abstecher auf dem Weg von Raitenhaslach nach Burghausen lohnt also schon, selbst wenn man so hungrig ist, wie wir es damals waren: Die Klosterwirtschaft von Raitenhaslach hatte uns nämlich damals überhaupt nicht zugesagt, und so hatten wir unseren Appetit nach Burghausen mitgenommen.

Die Fassade des Hotels „Vier Jahreszeiten“ am Stadtplatz von Burghausen ist der des gleichnamigen Münchner Hotels zweifellos überlegen, was die künstlerische Gestaltung anbelangt. Die Zimmer indes sind vielleicht doch etwas zu luftig geraten, und man konnte es zumindest während der Sanierung damals allenfalls bei trockenem Wetter bewohnen.

Der Gasthof „Zur Post“ war uns da schon lieber, weil der wenigsten nicht nur aus Fassade bestand. Und die Salzachäschen à la Siebenbürgen konnten sich nicht nur sehen, sondern auch schmecken lassen. Was es dort für ein Weißbier gab, wissen wir nicht mehr, weil wir beim Essen von einer Einheimischen erfuhren, daß es in Burghausen einen eigenen Weißbräu gäbe, den „Auer“: Der braut natürlich nahe der Kirche in einer engen Gasse und schenkt sein dunkles, stark hefiges Weißbier aus unetikettierten Flaschen aus, die lediglich eigene Kronkorken haben. Ein gutes, süffiges, aber nicht ausgesprochen unverwechselbares Weißbier, von dem wir gern ein paar Flaschen mitgenommen haben.

Der Auer-Weißbräu war vielleicht einer von denen, die die historische Altstadt von Burghausen am Leben erhalten haben, als es dort gar nicht so rosig aussah. Ständiges Hochwasser der Salzach hatte die alteingesessenen Bewohner aus der Altstadt vertrieben. Sie zogen scharenweise an die Neubauten der Peripherie, wo überdies ein Chemiewerk mit Arbeitsplätzen lockt. Inzwischen verfiel das alte Zentrum immer mehr und wurde langsam zu einem Getto für Gastarbeiter.

Eine junge Mutter hat uns das erzählt, die mit ihren zwei Buben im „Gasthof zur Post" zu Mittag aß. „Mei, da is unser Bürgermeister wepsig word'n. Zuschüsse hat er beantragt beim Bund, und wie die nicht gleich gekommen sind, ist er einfach vorgeprescht auf alles oder nichts und hat als erstes eine Hochwassermauer bauen lassen. Praktisch erpreßt ham ma die in Bonn!" – erzählte sie nicht ohne Stolz, „wozu gibt's so a Städtebauförderungsgesetz, wenn net für uns, oder?"

Dann wurden die Häuser saniert, ein Jugendzentrum entstand, wo sie ihren Mann kennengelernt hat, „der jetzt g'schäftlich unterwegs ist", und eine Tiefgarage. Und schließlich sind fast alle Häuser zu Sozialwohnungen geworden in der Altstadt: „2000 Mark ham ma kriegt, bloß damit ma in die Altstadt einziehen! Dabei is doch eh viel schöner hier, oder?" – Stimmt!

Darum wollen wir auch die weitläufige Burghausener

Burganlage nicht näher beschreiben, weil das infolge der Länge der Burg viel zu lange weilen würde.
Ebensowenig fühlen wir uns bemüßigt, unser nächstes Ziel, Altötting, näher zu beschreiben. Wir fuhren nur hin, weil wir auf die alte Gleichung Hopfen – Hefe – Hochaltar vertrauten; das sind drei Dinge, die den Pilger locken, und von denen gibt es ja in Eding mehr als selbst dem gläubigsten Altöttinger recht sein kann.
Aber wir fanden keine ansässige Weißbierbrauerei, ums Verrecken nicht – nur etliche andere aus der Gegend und von weiter weg. „Des gibt's doch nicht!" knurrte der Hamp, „die werd'n doch neben ihrem ganzen Weihrauchgeschwenk' noch für einen Brauerschornstein Platz ham!" Aber als wir dann in der elften Wirtschaft vergeblich nach einem echten Altöttinger Weißbier gefragt hatten, hörten wir endlich: „Eigenes Weißbier ham mir net. Aber des Raitenhaslacher und des Graminger. Graming g'hört ja quasi sowieso zu Eding."
Weil uns dieses Graminger Weißbier so gut schmeckte, beschlossen wir, gleich selber nach Graming zu fahren. Was gar nicht so einfach ist, weil dieser Altöttinger Vorort selbst auf Hamps außergewöhnlich guter Karte nicht verzeichnet ist. Wir mußten wirklich öfter fragen, bis wir zum Graminger Weißbräu kamen, was die Altöttinger aber gar nicht gestört hat, weil sie spätestens seit dem Papstbesuch an neugierige Touristen gewöhnt sind und es wohl auch gar nicht anders gewollt haben.
In Graming aber erwarten einen aber gleich drei köstliche Sorten: ein normales Weizen, ein Fest-Weizen und

endlich der unendlich süffige „Berg-Geist“, von dem man leider nicht so viel trinken kann, wie man vielleicht möchte. Das Etikett ist ebenso ausgefallen wie lustig: Auf einem jungen Geißbock hockt ein kleines Teuferl mit einem unübersehbaren Blähbauch und hält ein riesiges Weißbier in die Höh’.
Alle drei Graminger Weißbiere entschädigen einen selbst für den ärgsten Pilgerstreß. Gott sei Dank kommen aber nur die ausgefuchstesten Pilger bis nach Graming, und natürlich die Edinger selber.
Die Betuchteren allerdings fahren lieber zum „Bräu im Moos“, in die noble Wirtschaft, wo wir auch ein respektables Weißbier fanden, das aus eigener Herstellung stammt.
Mittlerweile ging es aber schon auf drei Uhr zu, und wir mußten weiter. Ein paar Sorten wollten wir schon noch mitnehmen auf dem Weg nach Bergen.
Mühldorf schien uns da ganz vielversprechend, weil es gleich zwei lila Punkte auf Hamps Karte hatte. Anschließend sollte es über Au und Gars nach Wasserburg weitergehen und von dort auf dem kürzesten Weg um den Chiemsee herum zum Nikolaus, der, wie wir hofften, schon mit Vorbereitungen einer ausgiebigen Mahlzeit beschäftigt war.
Die Mühldorfer St. Nikolaus-Kirche ist einmal in sich zusammengebrochen, als ein bauwütiger Dekan den leichteren Rokoko einziehen lassen wollte, dabei aber ganz vergaß, daß das Gemäuer nicht nur barock, sondern auch ziemlich schwer war. Aber der Zusammenbruch tat

der Bauwut des Dekans nicht den geringsten Abbruch: Am 17. März war die Kirche eingestürzt, und bereits am 29. desselben Monats lag der Kostenvoranschlag für den Neubau auf dem Sakristeitisch.

Auch das Mühldorfer Weißbier hat uns nicht umgeworfen. Obwohl es zu unserer größten Überraschung von einer Brauerei Unertl stammte. Mit dem Haager „Unertl" hatte es weder dessen angenehme Süße gemein noch wurde es in Bügelverschlußflaschen abgefüllt. Die Verwandten in Haag lassen zwar auf den Cousin nichts kommen, aber wenn wir die Wahl hätten, wäre die Entscheidung klar.

Au am Inn bildet, geographisch betrachtet, sozusagen die Weißbierscheide zwischen Mühldorf und Haag. Kaum irgendwo wird man das „Unertl" in einer ansprechenderen Umgebung trinken können, als im Biergarten von Kloster Au.

Von den Bieren der Klosterbrauerei Au, die mindestens 400 Jahre auf dem Buckel hat, soll wenigstens das recht beachtliche Dunkle nicht unerwähnt bleiben.

Die Klosterkirche selbst wurde nach dem Brand des Jahres 1969 mit großer Sorgfalt restauriert. Sie ist in zarten Pastelltönen ausstuckiert, im Ganzen aber wohl etwas zu lang und zu niedrig geraten.

Da nimmt man lieber noch das nahe Kloster Gars mit, in dessen Kirche sich eine meisterhafte Kreuzigungsgruppe des Christian Jorhan befindet. – Weißbiermäßig dagegen ist der Ort Fehlanzeige.

Ebenso wie die schöne Stadt Wasserburg, wo wie in Rott

am Inn ein „Spaten“ der angestammten Brückenbrauerei das Grab geschaufelt hat. Wenigstens aber sollte man dort einen Blick auf die berühmte Zürn-Kanzel werfen, falls die Figuren nicht gerade wieder einmal beim Restaurieren oder auf einer Ausstellung sind. Über das Dackelzüchterschloß Amerang, das nicht nur wegen seiner stets ausverkauften Konzerte, sondern auch wegen seiner alteingesessenen Süßmaiszucht erwähnt werden will, und über Halfing, das früher eine große Marienwallfahrt war, gelangten wir nach Endorf. Nach dem Besuch des dortigen Brauhauses hielten wir es dann aber doch für angebracht, dem Nikolaus in Bergen telefonisch die voraussichtliche Anzahl der Gänge des Abendessens mitzuteilen: „Jetzt schau zu, daß Du aus Deine drei Schnitzel 18 Gänge hinbringst! Wir sind jetzt in Endorf und haben hier nicht nur von einem Herrn Dr. Silbernagel ein eigenes Weißbier bekommen, sondern auch noch den ganz heißen Tip, daß es in Söllhuben am Simsee noch das berühmte Weißbier vom Bierbichler Beni aus Rosenheim gibt, genau gegenüber der Kirch’.“ Schade, daß es noch kein Videotelefon gibt, denn die verdutzte Miene vom Nikolaus hätten wir schon ganz gern gesehen. . .

18 Gänge aus drei Schnitzeln

Wir haben die Sorten nicht alle an diesem Abend probiert – ehrlich.

Weil uns der Nikolaus doch ein bisserl mehr als drei kleingehackte Schnitzel kredenzt hat.

Andechs – Weilheim – Polling – Froschhausen – Murnau – Steingaden – Dießen – Eresing

Natürlich kann man auch die Autobahn benutzen, wenn man von München nach Weilheim will. Das bleibt einem völlig unbenommen, und uns ist es sogar ganz recht, wenn die meisten das tun.

Aber der frühe Morgen bietet die seltene Gelegenheit, einmal in Andechs vorbeizuschauen, ohne daß man gleich von diversen Omnibussen, amerikanischen Straßenkreuzern oder wachsamen Landpolizisten Anfechtungen zu befürchten hat. Auch entgeht man um diese Tageszeit der sonst schier unvermeidlichen Versuchung, sich dort eine Maß von diesem sakrisch guten dunklen Bock zu kaufen, um den Rest des Tages in stiller Lähmung auf dem heiligen Berg zu verbringen. . .

So bleibt man dann wenigstens einmal nicht im Biergarten hängen, wenn man bloß die Absicht hatte, wieder mal kurz in die Andechser Kirche hineinzuschauen, die einen schon von weitem grüßt, wenn man ihr von Drößling her entgegenfährt. Denn es ist besser, den Anlauf zum heiligen Berg schon in Seefeld zu nehmen, damit man dann ausgeruht ankommt und nicht vor den letzten Stufen zur Kirche hinauf zurückscheut, um im Sumpf der Schwemme zu versinken.

Humbert Fink hat dieses „Andechser Gefühl“ einmal beschrieben, viel treffender als es der biertriefende Film des Herbert Achternbusch je gekonnt hat:

„Ich gebe gern zu", schreibt er, „daß mich der Kontrast schon seit langem irritiert, der hier zwischen anmutiger Landschaft und fetten schweren Mahlzeiten, zwischen sorgsam gepflegter Naturidylle und riesigen Biermengen, zwischen katholischen Kirchen mit hübschen Zwiebeltürmen und der grimmigen Verweigerung, sie zu besuchen, besteht.
Immer wenn ich in Andechs war, das Gespräch suchend, weil man meinen österreichischen Akzent als harmlos empfand, forschte ich nach den Ursachen dafür, daß die Biertrinker, die Radi- und Klosterkäseesser die Wallfahrtskirche selbst zu meiden scheinen, daß sie, während sie eine beträchtliche Zeche machen, die natürlich dem Kloster zugute kommt, die Finanzpolitik dieses Klosters mit zornigen Verwünschungen bedenken. . . Es ist der Widerspruch in mir, der die Hemdsärmeligkeit dieser Biertrinker im Schatten des Andechser Kirchturmes wahrnimmt, ihre seltsame Entblößtheit nicht nur bei sommerlicher Hitze, ihr ausdauerndes Mampfen, ihre einsilbigen Gespräche, ihre schwerfällige Art des Zusammenlebens, während nur ein paar Schritte davon entfernt in der kühlen Dämmerung der Kirche eine bodenständige Kultur für zartes Ebenmaß und Anmut sorgt. Es liegt zweifellos an mir, daß ich diesen eklatanten Widerspruch bis auf den heutigen Tag noch immer nicht begriffen habe."
Soweit das „Andechser Gefühl", wie es ein Österreicher erlebt, ein Mann, der vom Wachauer Wein her denkt, vom g'spritzten Veltliner im Heurigen und von einer

Geselligkeit, die man beim dunklen Bock nicht finden wird.
„Ein Weißbier müßt' da her, dann wär's gleich aus mit Deinen dumpfen Andechser Assoziationen!“, rief der Michael dem sinnierenden Hamp zu, der darauf zur Antwort gab: „Das müßt's halt bloß aufnehmen können mit diesem verdammten Bock. Aber warum sollt's so was eigentlich nicht geben? Schließlich gibt's in den anderen Andechser Wirtschaften ja auch des Weilheimer „Dachs“-Weißbier! Aber die Mönche da droben ham halt Angst, daß ihnen der Dachs ihren heiligen Berg aushöhlen könnt'; drum bieten's ihn nicht an. Aber gut tät's Andechs bestimmt, hab ich das Gefühl.“
Denn vom „Dachs“-Weißbier kann man schon einiges mehr trinken, ohne gleich in dumpfes Brüten zu verfallen. Das wußten wir ja schon lange, und mit dem „Dachs“ hatte ja auch unsere Karriere als Weißbierspezialisten ihren Anfang genommen. So nahm sich der Michael gleich einen Kasten davon mit, als wir schließlich in Weilheim angekommen waren. Er wunderte sich nur, daß sich die Etiketten verändert hatten: „Da hat zum 100jährigen Geburtstag vom Dachs anno 1979 wieder so ein Werbedesigner rumgepfuscht! Der hat sicher mehr als an Kasten Freibier dran verdient.“
Aber wenigstens hatte der „Dachs“ jetzt eigene Gläser, und wir hoffen, daß die Stadt Weilheim noch lange warten muß, bis sie den Dachsbräu für ihr Heimatmuseum aufkaufen kann. Auch an Weilheim ist nämlich der unerbittliche Brauereidarwinismus nicht spurlos vor-

übergegangen, und so sind von den 28 Brauereien des 17. Jahrhunderts halt nur noch zwei übrig. Das heißt, eigentlich ist nur der „Bräuwastl“ übrig, weil der „Dachs“ ja gerade erst hundert Jahre alt geworden ist. Wenigstens hat dieser Bräuwastl die alten Weißbierrezepte der Klosterbrauerei Polling in unser Jahrhundert hinübergerettet und stellt nun für die Klosterbrauerei Polling GmbH das Hefeweizen in seiner Weilheimer Braustätte her. Dieses Pollinger Weißbier „Edeltyp“ gehört zu den hefereicheren Sorten und ist überaus süffig und aromatisch. Wie es sich für ein solches Klosterweißbier gehört, ist es natürlich außerordentlich ausgewogen gewesen, als wir es probiert haben.
Runde fünf Kilometer sind es mit dem Auto von Weilheim, bis man vor der Klosterkirche von Polling steht, über deren Eingang der vielzitierte Spruch von der „Liberalitas Bavarica“ steht.
Ja, gebaut hat man schon recht großzügig, und bei der Restaurierung ist auch nicht gespart worden. Aber gleichgültig gegenüber Schuldenbergen ist man hier im Gegensatz zu anderen Klöstern nie gewesen. Als wir eintrafen, führte der Pfarrer gerade eine Schar seriös aussehender Schweizer Mäzene durch die Kirche, die wohl nicht bei der FDP, aber trotzdem liberal genug waren, um einige Groschen fürs neue Blattgold locker zu machen. Da wir auch nicht gerade unseriös dreinschauen, haben wir uns der Gruppe angeschlossen und kamen so zu einer kostenlosen Kirchenführung durch den geistlichen Herrn, dessen schier unglaubliche Bered-

samkeit der Michael mit der Bemerkung quittierte: „Ja mei, hat der eine Suada! Da müßt' ma direkt einmal zur Sonntagspredigt hin!"

Natürlich ist Polling, vergleicht man es mit den anderen Kirchen des Pfaffenwinkels, ziemlich bescheiden ausgestattet. Da hat es gerade zu einer Innenerneuerung im Sinn des Rokoko gelangt, aber das genügte den Chorherren von Polling vollkommen. Man hatte dort eben schon sehr früh ein Gespür dafür, daß mit der Aufklärung und den Naturwissenschaften eine neue Zeit hereingebrochen war, in der es nicht mehr ausreichte, das Klostergeld in Blattgold anzulegen. So hat der Propst Franz Töpsl das meiste Geld in die Bibliothek des Klosters investiert und im Lauf der Jahre stolze 80 000 Bände zusammengehortet. Und daß sich das im wahrsten Sinne des Wortes amortisiert hat, beweist nichts schlagender als die Tatsache, daß der emsige und blitzgescheite Pollinger Hausprofessor Eusebius Amort nicht nur einer der Gründer der Bayerischen Akademie der Wissenschaften geworden ist, sondern daß er auch durch seinen Gelehrtenfleiß den 80 000 noch 70 eigene Bücher hinzugefügt hat.

Nach der Besichtigung dieser eindrucksvollen Bibliothek machten wir uns auf nach Murnau, zum „Karg-Bräu", wo es ein hervorragendes Weißbier und anständiges Essen gibt. Aber zuvor steuerten wir noch einen lila Punkt an, die St. Leonhardskirche in Froschhausen am Riegsee: „Pygmäenbarock, leicht vergammelt", bemerkte Hamp dazu, weil alles so putzig und verschimmelt war. Das ist natürlich kein Vergleich mit St.

Nikolaus in Murnau, einer Kirche, die überhaupt nicht zu verfehlen ist, weil sie ja gleich beim Kargbräu über die Stadt hinausragt. Zwar sind die dunklen, eingesessenen Holzbänke beim Karg nicht mit so feinen Brokatkissen überzogen wie der Platz für den Herrn Pfarrer in den lindenholzgeschnitzten Beichtstühlen von St. Nikolaus, aber aushalten kann man es auch so beim Karg, weil man dort nicht nur in einer ausgesprochen gemütlichen Wirtschaft sitzt, sondern eines der besten Hefeweißbiere überhaupt bekommt. Da läßt sich's dann gut überlegen, ob man zum Beichten hinaufgehen will oder ob man lieber den Kommißgeschichten der Soldaten zuhört, die ihren Sold aus der nahen Murnauer Kaserne zum Karg tragen.

Nur darf man halt nicht erst nach dem Genuß des „Altbayerischen Weizenbocks" vom Karg aufbrechen: denn sowohl vom Beichten als auch von einer Weiterfahrt mit dem Automobil müssen wir dann dringend abraten.

Normalerweise hätten wir sicherlich auf dem Weg von Murnau nach Steingaden in Rottenbuch und bei der Wies Station gemacht. Aber diesmal sollte es gleich nach Steingaden weitergehen, weil wir uns beide von früheren Besuchen her noch erinnerten, daß es bei dem Augustinerchorherrenstift ebenso wie bei der überlaufenen Wallfahrtskirche kein eigenes Weißbier gibt.

„So ein Pulk mit Japanern ist zwar schnell durchgeschleust, weil die nur sechsunddreißig Mal ‚klick' machen und sich die Sachen dann erst daheim richtig anschauen, aber jetzt ham ma kurz nacheinander sechs so Busse überholt – da muß ma sich schon überlegen, ob ma die ‚Wies' net scho gut genug kennt", bemerkte schließlich der Michael, und das gab letztlich den Ausschlag. „In Steingaden gibt's aber auch kein Weißbier!", erklärte der Hamp. „Aber ich weiß, daß es dort einmal eine Weizenbierbrauerei Hofmann gegeben hat; die steht nämlich jetzt im Deutschen Brauereimuseum am Münchner Jakobsplatz." – „Ja, wieso fahren wir dann überhaupt nach Steingaden und geh'n nicht gleich in dieses Museum? Des wär wenigstens näher beim Weissen Bräuhaus vom ‚Schneider' im Tal!", fragte doch da tatsächlich der Michael, obwohl damals das Benzin noch nicht so teuer war wie das Bier.

„Ja mei. . .!", antwortete der Hamp bloß, und versank in längeres Schweigen, ergänzte aber dann nach einer Weile: „Weißt', eine Klosterkirche wäre in Steingaden ja noch da, und mit dem Erlös von dem Weißbierbuch bräucht' ma bloß mehr dem Museum die Brauerei abkaufen und wieder neben der Kirch' aufstellen!" – „Na, na, ich glaub' net, daß des ein günstiger Platz wär, nicht weil's neben der Kirch' ist, sondern weil Steingaden doch auf jeder gängigen Landkart'n droben ist: Und dann finden uns die Großbrauereien und kaufen uns auf oder dumpen uns!" – „Wenn wir uns aber nicht aufkaufen lassen, was machen s' dann?" – „Mein Gott, dann kommt halt ein Biervertreter nach dem anderen daher, hockt sich in deine Wirtschaft und macht mit alle faulen Tricks den Leuten dein Bier madig, bis alle im Chor schreien: ‚Was ist denn des für ein Lackerl, wia habt's denn des wieder z'sammbieselt, da schwimmt ja der Dreck drin . . . und so weiter, bis sich dein Wirt einen anderen Weißbierlieferanten suchen muß, zack – und dann stehst da!" – „Du meinst also, wir sollten uns für unsere Weißbierbrauerei einen kleineren Ort aussuchen, so was wie Herzogsägmühlen bei Schongau vielleicht, des findet keiner so schnell, weil die Herrn Brauereimanager sich ja alle wie Klein-Napoleon vorkommen und nur 1 : 500 000 Karten vom bayrischen Vertriebserschließungsgelände ham? ‚Altbayrisches Herzogsägmühlener Hefe-Weißbier' – des klingt doch gar net so schlecht, oder?" – „Ja, schon, aber für so einen langen Namen bräucht' ma ja fast schon ein Rundumetikett für die Flaschen. . ."

– Leider wurde die Planungsphase für dieses interessante Projekt durch unsere Ankunft in Steingaden unterbrochen.

Die ehemalige Prämonstratenserabtei Steingaden hat im Rokoko gute 180 000 Gulden für den Neubau der „Wies" gezahlt. Kein Wunder, daß dann das Mutterkloster selbst nicht mehr viel für bauliche Maßnahmen übrig hatte, und so hat es halt nur für eine Innenerneuerung im Geist der Rokokozeit gereicht. Dabei blieb das Kirchengebäude selbst in seiner äußeren Form im wesentlichen als die alte romanische Basilika erhalten.

Das Unentschieden zwischen Romanik und Rokoko wirft dann aber Stilprobleme auf, die mit der im Jahre 1972 in das romanische Portal eingesetzten Bronze-

Glastür wohl nicht sehr gut gelöst wurden: Die kann sich zwar von innen her noch einigermaßen in die Rokokoausstattung einfügen, aber von der Außenseite her betrachtet, gibt sie dem Ankömmling jenes unangenehme Gefühl, das in der Tiefe der Magengrube beginnt und je nach Temperament die Frage nach dem Warum oder einen Aufschrei der Entrüstung zur Folge hat. Wir jedenfalls waren von diesem ersten Eindruck so entgeistert, daß wir sofort zum Stand mit den Kirchenführern eilten, um nach einer Rechtfertigung für dieses Monstrum zu fahnden. Und was fanden wir? – Keine Rechtfertigung, aber Plexiglaseinsätze in alten Weihwasserbecken, daß es einem beim Anblick von so viel Hygiene richtig grausen konnte, und eine der schönsten und luftigsten Kirchenkanzeln, die aber heutzutage über eine moderne Freitreppe im Stil des „Neuperlacher Rokoko“ bestiegen werden muß.

Wir empfehlen hier bei einer Kirchenbesichtigung ausnahmsweise den Rückwärtsgang, die Blickrichtung zur Orgelempore also, zumal auch Chor und Hauptaltar der Kirche ausgesprochen unproportioniert und langweilig wirken. Aber Kanzel, Deckengemälde und Orgelstuck entschädigen einen für all die Irrungen und Wirrungen unseres Zeitalters. Besonders die Orgelempore sucht ihresgleichen: In zartem Weiß und Gold gehalten, sieht sie aus wie das Werk eines genialen Zuckerbäckers. „Eine Geburtstagstorte für den lieben Gott“, meinte der Hamp, ohne sich über das Alter desselben so recht im klaren zu sein.

Auch den schönen romanischen Kreuzgang wollen wir nicht unerwähnt lassen, wenngleich auch der nur durch eine der neumodischen Bronzetüren zu erreichen ist. Dem Michael war es langsam zu viel: „Weißt Du, Hamp, manchmal fühl' ich mich so richtig müde, wenn ich so etwas seh'. Heut' abend fahr' ma zur Vogelwirtin nach Eresing, und Ilgen und Wessobrunn schenk' ma uns!" – Nun hätte es das Kaltenberger Bier, das die Vogelwirtin hat, zwar auch schon in Steingaden gegeben, und wenn der Leser dort schon Durst hat, wollen wir ihm keineswegs davon abraten, die dortige Wirtschaft zu besuchen. Aber erstens hatten wir noch keinen Durst, und zweitens war der Nachmittag noch nicht so weit fortgeschritten, um der Müdigkeit schon nachgeben zu müssen. Darum sagte der Hamp: „Meinetwegen! Aber am Weg dorthin sollten wir sicherheitshalber noch in Dießen vorbeischauen, bevor die Kirche dort ganz zusammengefallen ist." – Und auf ging's.

Nun ist ja schon seit geraumer Zeit ein Gelehrtenstreit darüber im Gange, warum die Dießener Klosterkirche am Einstürzen sein soll. Und bis sich die Gelehrten einig sind, hat man vorsichtshalber das Gemäuer derart eingerüstet, daß es sicher auch dann noch stehen bliebe, wenn der ganze übrige Ort drumherum in einer Erdspalte versinken würde. Zugänglich war die Kirche jedenfalls nicht mehr, und so sind wir unseren Vätern umso dankbarer, daß sie uns in unserer Kindheit mehrmals hineingeschleppt haben. Und die zwei Mark, die eigentlich für den Kirchenführer vorgesehen waren, warfen wir in einen Münzfernsprecher in Dießen und riefen beim Vogelwirt in Eresing an, um uns zum Essen anzukündigen.

Warum nach Eresing? Erstens einmal mögen wir die Wirtin, zweitens kocht sie gut, und drittens kann man das Kaltenberger Bier zwar auch ebensogut in Steingaden oder im Schloß Kaltenberg selber trinken, aber uns schmeckt es aus den genannten Gründen in Eresing einfach besser. Und nicht zuletzt ist die Wirtschaft gegenüber der Domenikus-Zimmermann-Kirche von Eresing einfach viel gemütlicher als das sterile Bräustüberl im Kaltenberger Schloß.

Die Brauerei Kaltenberg ist ja fest in den Händen des Hauses Wittelsbach, und Prinzessin Irmingard von Bayern kann ihr Bier deshalb mit Fug und Recht als „Königlich Bayerisches Bier" bezeichnen. Es gibt sogar zwei Hefeweißbiersorten, das „Export-Weizen" und das dunklere „Prinzregent Luitpold". Wobei wir allerdings sagen, daß das dunklere zwar sehr schön aussieht, das hellere uns aber weit besser schmeckt. Aber obwohl uns dieses Export-Weizen ganz vorzüglich mundet, trinken wir in Eresing meistens das im Dreimaischverfahren feuergekochte „König-Ludwig-Dunkle" vom Faß.

Weißbierspezialisten müssen ja noch lang keine Fachidioten sein. . .

Hamps umfunktioniertes Poesiealbum ließ sich schon gar nicht mehr zumachen: Wir hatten die Flaschenetiketten – soweit vorhanden – sorgfältig eingeklebt, und jetzt waren es schon über 50 Stück geworden.
Am Anfang hatten wir den Bieren ganz einfach bestimmte Zensuren gegeben, je nachdem, wie uns das Weißbier gerade schmeckte.
Später hatten wir dann noch Farbe, Geruch, Kohlensäureentwicklung und Hefegehalt dazu notiert. Das Wichtigste bei der Bewertung schien uns, daß keines dieser Elemente die anderen zurückdrängte: Dafür setzte sich bei uns der Begriff „Ausgewogenheit" durch.
Selbstverständlich kann nur ein vollständig eingeschenktes Weißbier auf diese Weise bewertet werden. „Ausgewogen" nennen wir es, wenn die Kohlensäure die Hefe gleichmäßig in der Schwebe hält und langsam die Aromastoffe nach oben befördert.
Der Geschmack ist dann wohl das, worüber sich noch am trefflichsten streiten läßt. Es spricht aber für unsere Methode, daß wir uns in jedem einzelnen Fall auf ein gemeinsames Ergebnis einigen konnten.
Aber was sollte das ganze Gesammele? War es mehr als Briefmarken- oder Bierdeckelsammeln?
„Schön", mag der Leser zu uns sagen, „ich nehme Euch ab, daß es in Bayern ganz schön viele Weißbiersorten gibt. Ich gebe auch zu, daß diese Biere immer von recht originellen Menschen gemacht worden sind. Auch ich

finde es schade, daß diese Vielfalt am Aussterben ist. Aber was setzt da Euer Weißbierbuch dagegen?"
So könnte man uns fragen.
Aber die Antwort kommt wieder aus Hamps umfunktioniertem Poesiealbum, dem „Weißbierbuch", das uns wie ein wildgewordener Selbstzweck zu unseren Begegnungen mit Bayern hinausgetrieben hat.
Denn weil das Weißbier ja lebt – zumindest die Hefe – hat sich auch nach und nach bei uns herausgestellt, daß unsere Bewertung zwar für die jeweilige Flasche gerade zutraf, daß die Bewertung derselben Flasche eine Woche später aber vielleicht ganz anders ausgefallen wäre. Das kann am Transport liegen, aber auch mit der Laune des Braumeisters, mit dem Wetter oder mit der Lagerung zusammenhängen. Häufig liegt es allerdings am Alter des Weißbiers. Und das kommt so: Wie die meisten Biersorten reift auch das bayerische Hefeweißbier in zwei Gärungsprozessen heran, in einer Hauptgärung im Gärkeller, und einer Nachgärung, die bei den anderen Bieren im großen Tank stattfindet, beim Hefeweißbier aber in jeder Flasche extra. Und das ist der Witz dabei!
Was hat es aber mit dieser Flaschengärung auf sich?
„Gärung" ist, grob gesagt, der Verdauungsvorgang der Hefe: Sie „frißt" mit einer bestimmten Geschwindigkeit den eingekochten Getreidezucker, der sich in der sogenannten „Stammwürze" befindet. Als willkommenen „Abfall" scheidet die Hefe danach eine entsprechende Menge Alkohol und Kohlensäure aus. Wenn nichts mehr zu fressen da ist, stirbt die Hefe – ob qualvoll oder nicht,

wissen wir nicht – auf jeden Fall aber ziemlich langsam. Der Zucker ist dann „vergoren“.

Was steckt nun alles in so einer Hefeweißbierflasche, kurz nachdem sie abgefüllt und verschlossen worden ist? Da sind im wesentlichen fünf Dinge, die da eine Rolle spielen: Zunächst einmal natürlich eine braungelbe Flüssigkeit mit allerlei Geschmacksstoffen. Dann ist auch schon eine Menge Alkohol und Kohlensäure darin, die bereits in der Hauptgärung entstanden ist. Schließlich schwimmt noch eine quicklebendige, je nach Rezept ober- oder untergärige Hefe in der Flasche herum und sucht nach Nahrung. Wer gibt ihr die? Natürlich der Braumeister, weil der seine gute Reinzuchthefe natürlich nicht in die Flasche getan hat, damit sie darin verhungert. Sondern er hat ihr noch einen Schuß frischer, unvergorener Stammwürze mit dazu gegeben, damit die Hefe etwas zu tun hat, während die Flasche auf ihren Käufer wartet. Und darum spielt eben das Alter beim Hefeweißbier eine ganz wichtige Rolle, weil es einen himmelweiten Unterschied ausmachen kann, ob die Hefe noch frißt oder bereits hungert, ob sie gerade stirbt, mausetot ist oder langsam verwest.

So ungefähr ist das also mit der Flaschengärung, wenigstens prinzipiell.

Nun haben viele Brauereien, vor allem die großen, diesen Vorgang „voll im Griff“ und brüsten sich damit, daß ihr Weißbier immer im gleichen Zustand zum Kunden kommt, – man ahnt da schon, in welchem. Erstaunlicherweise nennen sie das dann „konstante Qualität“,

anstatt ehrlich zuzugeben, worauf es ihnen und den Großbanken ankommt, nämlich auf steigende Quantität durch größtmögliche Gleichschaltung.
Wir wollen das nicht. Wir kleben keine Weißbierwapperl in unser Album, die nur verschiedene Namen haben, in Wirklichkeit aber nur für das ewig gleiche Einheitsgebräu stehen. Laßt doch die Brauriesen ihre Edelpilse und Kristallbiere brauen, die man noch in den Weltraum mitnehmen könnte; die Hefe aber gehört dem kleinen Volk der Sudhausheimwerker und ihrer ehrlichen Bodenständigkeit, die nicht so hoch hinaus will.
Und vielleicht versteht der Leser nun besser, warum wir ausgerechnet ein Weißbierbuch angelegt haben: Weil es uns immer wieder zu den Brennpunkten eines lebendigen Bayern getrieben hat, wo man noch Geschichten erlebt, die auf dem Boden wirklicher Geschichte leben, und nicht bloß von den historischen Fakten einer traditionslosen Welt! Freilich ist es auch bei uns nie ohne ein gewisses Vorwissen gegangen: Der moderne Mensch braucht schon den Zunder der Fakten, wenn er die ausgelöschten Feuer der Überlieferung wieder entflammen will: Da ist manch fleißiger Vormittag in den Bibliotheken versessen worden, bevor wir geahnt haben, wo ein frisches Weißbier warten würde. . .
So darf sich der Leser nicht wundern, wenn wir ihm ein bisserl mehr auf den Weg mitgeben als er in den kleinen Kirchenführern finden wird, die es in manchen Kirchen zu kaufen gibt. Aber das sind schon die besten, wenn man sie nur genau genug liest.

Ingolstadt – Vohburg – Essing – Riedenburg – Pfaffenhofen – Scheyern

Langsam schien es uns an der Zeit, auch einmal einen Vorstoß nach Norden zu wagen. Vielleicht sogar die Donau zu überschreiten.

Denn in Dachau war dem Hamp einmal eine Flasche Vohburger Hefeweißbier in die Hände gefallen. Die war zwar schon etwas alt gewesen, aber der Leser wird sich gewiß erinnern, daß wir einen geschmackssicheren Revolutionsführer aus Emmering kannten, der uns das „Vohburger" damals nachhaltig empfohlen hatte. Dieses Vohburg hatten wir auf der Landkarte östlich von Ingolstadt ausgemacht. Es schien aber dem meist sehr zuverlässigen Herausgeber von Hamps Kulturkarte keinen lila Punkt herzugeben. Und so war es selbstverständlich, daß wir erst nach Ingolstadt fahren wollten, und zwar ausnahmsweise auf der Autobahn.

Jeder Bierfreund, der die Gegend um die Autobahnausfahrt Ingolstadt kennt, wird wissen, daß an dieser Stelle eine gesalzene Ladung Kritik fällig ist: Es ist wirklich kein besonderes Erlebnis, wenn man eine Brauerei mitten unter petrochemischen Fabrikanlagen nur mehr daran erkennt, daß das Gebäude die Aufschrift „Herrn-Bräu" trägt. Mußte das sein, meine „Herrn"?

Da sollten wir fast nicht sagen, daß uns das Weißbier dieser Brauerei eines der besten scheint, und daß wir den „Herrn-Bräu Weizenbock" sogar ganz weit oben einstufen. Aber Kritik darf halt nicht blind machen, auch wenn

man bei der Anfahrt nach Ingolstadt am liebsten Augen und Nase schließen würde.
Ingolstadt ist die Heimat der Ludwig-Maximilians-Universität gewesen, bevor diese nach München verlegt wurde. Vielleicht kamen da die Ingolstädter Brauereien ganz einfach den Qualitätsansprüchen der zahlreichen Professoren und Studenten nicht mehr nach, und man erhoffte sich in München endlich Abhilfe gegen den unerträglichen Zustand, der schon im Jahre 1517 Gegenstand einer Klage des Vizerektors der Universität Ingolstadt war. Kein geringerer als Luthers größter Widersacher bekleidete damals diesen Posten; der Gegenreformator Dr. Johannes Eck, der genau wußte, wie die Studenten bei der Stange zu halten seien: „Das Bier", schrieb er in seiner „ergötzlichen Bierklage", sei „fast nicht zum Genießen schlecht". Man müsse Abhilfe schaffen, wenn man die Universität „in Kraft" halten wolle.

Der Kampf des Dr. Eck muß wirklich ein harter gewesen sein, wo doch auf der Gegenseite der abtrünnige Augustinermönch seinen ganzen Werbeetat in den kostenlosen Weinausschank während des Abendmahles steckte, wohingegen es das katholische Brauchtum in Bayern nie weiter gebracht hat, als bis zur selbstbezahlten Maß Bier nach der Messe.

Und selbst der versöhnungsfreudigste Theologe unserer Tage kann die fundamentale Einsicht der Volksseele nicht so leicht übergehen, die in dem Satz gipfelt: „Bier auf Wein, das laß' sein!"

Freilich war es auch in Ingolstadt, wie so oft, der breite Mittelstand, der sich dem alten Brauchtum stärker verpflichtet fühlte als den Neuerungen mit ihren ungewissen Heilserwartungen.

So hat der medizinische Dekan der Universität Ingolstadt, der Doktor Heinrich Palamaz von Leveling, im Jahr 1797 hervorgehoben, daß das Bier, insbesondere das Weißbier, der Volksgesundheit förderlich sei. In seiner „medizinischen Ortsbeschreibung von Ingolstadt" schrieb er: „Das weiße Bier wird allein in den Kurfürstlichen, durch die zwei Herzogtümer Ober- und Niederbayern, dann der Oberpfalz verteilten Bräuhäusern gemacht. Ingolstadt bekommt seine wöchentliche Lieferung, entweder zu Wasser bei schiffbarer Donau, oder bei entgegengesetztem Fall, im Winter auf Axe von Kehlheim. Auch das weiße Bier empfiehlt sich durch Helle und Reine, es wird viel von dem Mittelstande getrunken und scheint durch seine ölichtschleimichte Säure dem Gaumen mehr zu schmeicheln. Wegen dem Schleimichten, das der Weizen vorzüglich mit sich führt, scheint das weiße Bier Vollblütigkeit zu erzeigen, und stärker zu nähren." –

Der Doktor von Leveling war in seiner Wissenschaft eben schon viel weiter, als der Verfasser des Generalmandats vom 15. Dezember 1567 es rund 230 Jahre vor ihm gewesen war, der das Weißbier noch als „unnützes Getranck" einstufte, „das weder führt noch mehrt, noch Kraft und Macht gibt."

Oder hat sich das Weißbier erst unter dem Monopol der

bayerischen Herzöge und Kurfürsten zu jenem „vollblütigen“ und „nahrhaften“ Trunk entwickelt?
Die Ingolstädter Brauereien haben jedenfalls schnell geschaltet, als das Weißbiermonopol endlich aufgehoben wurde: Herrn-Bräu, Ingo-Bräu und Nord-Bräu streiten noch heute um die Ehre, das beste Weißbier einzubrauen.
Allerdings braucht auch heute keiner von ihnen mehr zu befürchten, daß ein Kelheimer Weißbierhauspächter mit dem Arm der Justiz droht, falls sie sich ans Weißbierbrauen wagen sollten. Da ging es ihrem Kollegen Alois Ponschab in den Jahren 1819 und 1824 schon schlechter, als er von „A. Reiter zu Kellheim wegen Vermengung von Gersten- und Weizenmalz zu weißem Gerstenbier“ vors Gericht zitiert wurde. Der fürchtete nämlich zu Recht, daß ihm seine Weißbierkunden aus Ingolstadt davonlaufen würden: denn auch heute noch wird das altbayerische Weißbier aus einer Mischung von Weizen- und Gerstenmalz gebraut, die ein wohlgehütetes Geheimnis der Brauerei ist.
Trotz aller Ingolstädter Emanzipationsversuche ist es den Kelheimer Weißbierbrauern noch über 100 Jahre lang gelungen, den Ingolstädtern die Kundschaft auszuspannen, besonders, nachdem im Jahre 1927 der legendäre Georg Schneider aus München seine Fäden auch in Kelheim zu spinnen begann: Da wurde der Drang der Ingolstädter Studenten nach der Kelheimer Schneider-Weissen so stark, daß man gleich eine Straße durch den Hienheimer Forst geschlagen hat, damit sie nach der

Vorlesung gleich zum Weißen Bräuhaus nach Kelheim radeln konnten, um sich einen Russ'n hineinlaufen zu lassen. Denn nicht nur uns, sondern auch dem Radler schmeckt die Schneider-Weisse als Russ' am allerbesten. Halt – da fällt uns ein, daß neulich selbst ein renommierter Weißbierbrauer nicht gewußt hat, was das ist, „ein Russ". Für den, der es tatsächlich nicht weiß, sei gesagt, daß es sich um eine völlig harmlose Mischung aus Weißbier und Zitronenlimonade handelt, die alles andere als rote Farbe zum Ergebnis hat, sondern in der Regel von einer „Radler" farblich kaum wegzukennen ist, aber viel besser erfrischt.

Zurück nach Ingolstadt. Man sollte sich nämlich unbedingt das Asam-Fresko in der Kirche Santa-Maria de-Victoria angeschaut haben, bevor man sich weiter in Richtung Osten aufmacht, denn dort sind die Kulturgenüsse lang nicht so dicht gesät.

Ganz bestimmt nicht in Vohburg. Da prangt zwar auf dem Etikett des Vohburger Hefeweissbiers die prächtige Vohburg, doch handelt es sich dabei um eine raffinerierte Täuschung: Statt stolzer Wehrtürme erwarten den Besucher Crackanlagen, und durch die alten Schießscharten der kärglichen Burgmauerreste blickt man auf die stinkenden Schlote der Raffinerien.

„Bevor diese Industrie auch noch das Altmühltal verschandelt, könnten wir noch schnell durchfahren, wenn ma scho da sind. Vielleicht find' ma sogar noch a Weißbier, wenn ma jetzt über Riedenburg, Dietfurt und Beilngries wieder auf die Autobahn zurückfahren", meinte der Hamp mit einem Blick auf die Landkarte – „Der ganze Rhein-Main-Donau-Kanal ist ja sowieso ein Schmarrn!“ erklärte der Michael, – und wieder waren sich zwei Wirtschaftsexperten einig geworden. Zuerst ging es auf der alten Weißbierstraße durch den Hienheimer Forst, aber nicht nach Kelheim, wo die Altmühl schon in die Donau mündet, sondern nach Essing zur Ruine Randeck. Das ist eine alte Ritterburg, und was wäre die ohne Burgverlies und Bergfried und vor allem ohne geschichtskundige Führerin, die alle 22 Burggrafen im Schnellgang herunterzuzählen weiß! Wir jedenfalls haben uns die Einweisung durch die redselige Dame nicht nehmen lassen, und wollen dem Leser nur den Schluß der Führung verraten: „So, und jetzt krieg' ich von jedem noch a Trinkgeld von 70, na, 80 Pfennig, und für die Kinder die Hälfte.“

Danach ging's die Altmühl hinauf nach Riedenburg, wo man so richtig im Klischee einer romantischen Kleinstadt schwelgen kann. Uns bescherte es noch dazu sechs neue Weißbiersorten: Drei davon stammen aus der Brauerei Riemhofer in Riedenburg. Der Riemhofer ist der Besitzer des schönen Hotels „Schwan“, und dieser weiße Vogel schwimmt einem auch auf den Etiketten entgegen. Wer jetzt aber glaubt, daß der weiße Schwan irgendetwas mit weißem Bier zu tun haben soll, der irrt sich sehr: Denn Weißbier entspricht zwar selbstverständlich dem Reinheitsgebot, es hat aber rein gar nichts mit dem Weiß der Waschmittelwerbung zu tun. Bekanntlich ist ja der Grundstoff von Weißbier nicht etwa weiße Farbe, sondern Weizen, und aus diesem Weizen lassen sich geradezu schwarze Biere herstellen, ohne daß es sich deshalb um Schwarzbrauerei handeln muß. So behält auch der Riemhofer aus Riedenburg trotz seines stockdunklen Export-Hefeweizens eine weiße Weste.

„Das Bier war noch dunkel und die Menschen waren typisch", pflegt Georg Lohmeier zu sagen, und so mancher Schlauberger meint, es würde genügen, Dunkles und Typisches in einem Bottich zusammenzurühren und es dann in Flaschen mit der Aufschrift „Altbayerisch" abzufüllen. Uns schienen die beiden hellen Weißbiere vom Riemhofer einfach besser gelungen.

Auch die zwei Weißbiere der Brauerei Unterkrieger in Riedenburg tranken wir lieber, selbst wenn sie sehr, sehr wenig Hefe hatten, dafür aber stark gehopft waren.

Dagegen hatte das Schäff-Weißbier aus Treuchtlingen eine stärkere Hefedominanz aufzuweisen. Wir haben es ebenfalls in Riedenburg erworben. Wie viele Hefeweißbiere, die nördlich der Donau gebraut werden, fanden wir es aber nicht übermäßig süffig.

Der Rückweg führte uns aber dann hinein in die Hallertau nach Pfaffenhofen an der Ilm. Hier würde man wohl auch heute noch das Hauptgeschäft mit dem Hopfen machen, wenn sich nicht nach dem Urbanus- und Müllerbräu neuerdings auch der W. Ludwig Verlag des Hefeweißbiers angenommen hätte. Dafür danken wir ihm natürlich sakrisch.

Im Dreieck ging es nun über Kloster Scheyern, wo man auch ein eigenes Weißbier braut, nach Ilmmünster, dem letzten lila Punkt auf dieser Fahrt. Auch darüber aber gibt es ein schönes Buch unseres Verlages, dem wir hier wirklich keine Konkurrenz machen wollen.

Eigene Routen

Das war für unsere Verhältnisse eine relativ kurze Fahrt gewesen. Dem Leser wird sie vielleicht trotzdem lange genug vorkommen, wenn er sich anschickt, sie nachzuvollziehen.

Als wir uns überlegt haben, wie wir unsere Weißbierreisen anordnen sollen, ist uns natürlich schon klar geworden, daß sie so kaum nachgefahren werden können. Nicht jeder kann wie wir auch einmal unter der Woche fort, wenn der Ausflugsverkehr nicht die Straßen verstopft, und nicht jeder wird sich am Lenkrad abwechseln können.

Trotzdem haben wir unsere ursprünglichen Routen nicht verändert, weil sich der Weg „vom Zufall zum Einfall“ auch nur in einer gewissen Ursprünglichkeit darstellen läßt. Der Leser soll ja nicht stur in unsere Fußstapfen steigen, sondern sich eigene Wege suchen, zu denen wir ihm nur einige Anhaltspunkte geben wollen. So haben wir dem Buch ein schönes Register beigegeben, anhand dessen man die Eckpunkte für seine eigene Route zusammenstellen kann.

Nur eine Landkarte bräuchte man halt schon noch, weil auch wir nicht alle „lila Punkte“ aufgesucht haben.

Weihenstephan – Freising – Neustift – Moosburg – Landshut – Dingolfing – Irlbach – Straubing. Regensburg – Weltenburg – Abensberg – Rohr – Siegenburg – Geisenfeld

Weihenstephan soll ja die älteste Brauerei der Welt sein. Aber wir sollten im Verlauf dieser Unternehmung noch erfahren, daß das auch andere von sich behaupten.
Die Brauersuniversität auf dem Berg bei Freising war aber trotz ihrer unzweifelhaft langen Tradition maßgeblich an einer Weißbierentwicklung beteiligt, die wir gar nicht so schätzen: selbst die später verbotene Bezeichnung „Champagnerweißbier" konnte uns von einem Produkt nicht überzeugen, dessen entscheidendes Kennzeichen das völlige Fehlen von Hefe ist. Damit mangelte es diesem totfiltrierten Getränk nicht nur an jenem Stoff, der das übermäßige Entladen der Kohlensäure verhindert, sondern natürlich auch an der individuellen Flaschengärung.
Der Magen dankt denn auch jeden kleinen Schluck mit einem großen Aufstoßer, und den Mund zieht es sowieso zusammen, weil man dieses Rülps-Bier meistens auch noch mit einem Schnitz Zitrone serviert kriegt.
Eine typisch kopfgesteuerte Entwicklung halt, die am Markt erst bedrohlich einschlägt, dann aber von den gewachsenen Produkten wieder in die Ecke gedrängt wurde, wie all diese Dinge, die nur durch eine massive Werbung am Leben erhalten werden können.

Ganz so theorielastig werden die Weihenstephaner Studenten natürlich nicht ausgebildet. Die Brauerei stellt schon auch ein richtiges Hefeweißbier her, damit die künftigen Brauer auch etwas „G'scheites“ lernen. Außerdem wird dort eine Reinzuchthefe hergestellt, die auch andere Brauereien dort kaufen und segensreich einzusetzen wissen.

Weihenstephan liegt ja bekanntlich über der alten Bischofsstadt Freising, und was zu Füßen des gelehrten Brauersberg vor sich geht, ist schon der Erwähnung wert. Da gibt es nämlich einen Weißbräu namens Huber, der es ganz schlau angefangen hat. Er hat sein Rezept und die Herstellung seines Weißbiers der Graf von Moy oHG abgetreten und darf trotzdem noch seine eigenen Etiketten auf die Flaschen kleben. Und wenn im letzten Kapitel von einem weißen Schwan die Rede war, soll der weiße Bär auf dem Etikett vom Huber auch nicht unerwähnt bleiben: Trotz seiner weißen Farbe sollte der Bär natürlich kein Eisbär sein; besser wäre da wohl jener legendäre Braunbär des Heiligen Korbinian abgebildet, den der Gründer des Erzbistums Freising seinerzeit wutentbrannt gezwungen hatte, seinen Karren über die Alpen zu ziehen, nachdem ihm der Bär sein Pferd gerissen hatte. Das Moy- alias Huberweißbier zählt zu den hefereichsten Weißbiersorten, die wir kennen. Allerdings sollten die Weihenstephaner Weißbierstudenten, die beim Huber ihren Stammtisch haben, erst einmal ein Studium generale machen, bevor sie sich zu der Behauptung aufschwingen, dies sei das hefereichste Weißbier

überhaupt. Das kann nur daran liegen, daß unser Buch noch nicht in der Weihenstephaner Lehrbuchsammlung steht.
Da wir nun in Freising den Berg nach Weihenstephan erklommen hatten, trieb es uns nicht mehr auf den Domberg hinauf, sondern zum Kloster Neustift hin, das uns sowieso viel besser gefällt.
Dabei muß man natürlich davon absehen, daß nicht mehr der Chorherrenwanst das Maß aller Kuttenschneider ist, sondern die üblichen Konfektionsgrößen der Textilindustrie: Im Kloster Neustift ist nämlich heute eine Lodenfabrik untergebracht. Früher beherbergte das alte Gemäuer sogar eine Kaserne. „Immer noch besser a Lodenhose von der Stange als eine Uniform aus der Kleiderkammer!", brummten wir beiden Obergefreiten der Reserve geschlossen.
Glücklicherweise blieb wenigstens der Klosterkirche eine Zweckentfremdung erspart, weil im Jahre 1881 eben noch symbolische tausend Mark genügten, um der Neustifter Kirchenkommune den Weg zu einer legalen Instandbesetzung zu ebnen. Die aber hat sich wirklich gelohnt. Denn dieses Meisterwerk des späten Rokoko übertrifft in seiner alten Pracht alle Kirchen der weiteren Umgebung. Kein Wunder, wenn Leute wie Giovanni Antonio Viscardi, Johann Michael Fischer und Ignaz Günther zusammenwirkten.
Neustift ist jedenfalls eine Pflichtveranstaltung für jeden, der das Weißbierbuch bis hierher gelesen und verstanden hat.

Dagegen würden wir das St. Kastulus-Münster in Moosburg eher in die Reihe der Wahlveranstaltungen aufnehmen, zumal bei unserer Durchfahrt auch kein ansässiger Weißbräu zu finden war.
Anders schon Stethaimers St. Martins-Münster zu Landshut mit dem höchsten Backsteinturm der Welt. Da muß man genauso hin wie auf die Burg Trausnitz hinauf. Von dort oben sieht man dann erst, wie raffiniert hier der gotische Drang zum Aneinanderpferchen der Häuser durch zwei marktplatzbreite Straßen kanalisiert worden ist, um Platz zu haben fürs Repräsentieren der Hoheit und für die Landshuter Hochzeit, die in keiner anderen gotischen Stadt hätte stattfinden können. Nur in den Quergassen drängen sich die Bauten zusammen und bremsen den Verkehr auf die Hauptstraßen zurück, der dann im Stau stockt, wenn man Landshut beschaulich durchwandern will.
Einst sind hier auf Trausnitz die bayerischen Herzöge gesessen, bis sich schließlich die Münchner Linie durchgesetzt hat. Es ging stetig bergab mit der einstigen Hauptstadt, und Kurfürst Maximilian I. fand es nicht einmal den Aufwand wert, hier ein weißes Bräuhaus einzurichten. So mußte noch in der zweiten Hälfte des 17. Jahrhunderts das Weißbier auf der „Weißen Bierstraße“ von Kelheim hergekarrt werden. . .
Immerhin fanden wir in der Brauerei C. Wittmann wenigstens heute einen Hersteller von Hefeweizen, der sich 1975 damit sogar erfolgreich um einen großen DLG-Preis bemüht hat.

Nun gibt es, sieht man einmal von wenigen Ausnahmen ab, im Niederbayerischen zwar relativ viele verschiedene Hefeweißbierbrauereien, aber dieser Vielzahl der Sorten steht nicht unbedingt eine Vielzahl an Geschmacksrichtungen gegenüber. So können wir wohl das Hefeweißbier der Brauerei Wasserburger in Dingolfing in einem Atemzug mit dem Krieger-Weissbier aus Landau nennen.

„Also mir ist in dem Dingolfinger Weißbier einfach zu wenig Hefe drin! Die hätten das mindestens 1:25 mischen müssen, wie man des in dieser Gegend bis 1969 allerweil gemacht hat", meinte der alte Goggomobilpilot Hamp stirnrunzelnd. Doch der Michael entgegnete nur: „Sonst noch was, dann saufst nur viel und ziehst auch so eine blaue Fahne hinter dir her, genau wie dein Auto."

Mittlerweile war der Nachmittag schon fortgeschritten, und obwohl wir an diesem Tag nicht mit einem Goggomobil unterwegs waren, mußten wir doch zusehen, daß wir nach Straubing kamen, wo wir bei Bekannten übernachten wollten.

Vorher machten wir aber noch den kleinen Abstecher zur Schloßbrauerei Irlbach hinüber, wohin uns die Wirtshausschilder wiesen.

Der „Poschinger Bray" dort hat sich nämlich seit einiger Zeit darauf besonnen, daß er besser selber ein Weißbier einbraut, als es teuer bei der Brauerei Huber in Vilshofen zu kaufen und lediglich eigene Etiketten darauf zu picken.

Vielleicht hat er einen Blick über die Donau geworfen,

ins nahe Schwarzach, wo einst das Geschlecht der Degenberger mit dem ihm verliehenen Weißbierprivileg nicht viel anzufangen wußte und im Jahre 1602 erbenlos aus der Bräu- und Weltgeschichte abtrat.

Wir waren damals zu müde für eine Donauüberquerung bei Irlbach, zumal sich dort nur eine Autofähre, aber keine Brücke befindet und so sind wir endlich nach Straubing gekommen, erschöpft, hungrig und so durstig, daß wir nicht einmal mehr wissen, warum einem im Straubinger Dietl-Bräu in jedes Weißbier ein Reiskorn hineinpraktiziert wurde. Erklärt hat man es uns bestimmt.

Vielleicht hätten wir damals wirklich besser aufpassen sollen, denn dem Vernehmen nach hat der Dietl seine kleine Weißbierbrauerei erst vor kurzem für immer zusperren müssen. Und weil wir nicht einmal die Gründe kennen, ist wohl wieder eine Gelegenheit ungenutzt vorübergegangen, aus diesem Weißbierbuch eine langweilige Chronik von Aufstieg und Fall bayerischer Weißbierbrauer zu machen. So ein Pech aber auch!

Übrig geblieben ist in Straubing also offenbar nur mehr der Röhrlbräu, dessen Weißbier vor einigen Jahren massiv in den Münchner Markt eingebrochen ist, ohne ihn so recht erobern zu können. Das könnte daran liegen, daß die Straubinger-Weisse vom Röhrl zumindest mit ihrer dunklen Farbe zu nahe an der Schneider-Weissen gelegen hat, so daß sich die Münchner Schneidertrinker gar nicht zum Probieren bemüßigt fühlten und die anderen halt schon beim „Erdinger“ gelandet waren. Wir selber hätten das Röhrl in München schon ganz gern gesehen, weil es im Geschmack doch einen ganz anderen Charakter hat als die Schneider-Weisse. Aber wir fahren auch ganz gern selber nach Straubing, um es dort am Ort seines Ursprungs zu verkosten. Zumal man beim Röhrl nicht bei jedem Schluck mit einem unerklärlichen Reiskorn rechnen muß wie beim „Dietl" selig.

Nach einem Weißwurstfrühstück mit unseren Bekannten ging es dann am nächsten Tag mit frischen Kräften auf nach Regensburg, wo wir uns nur kurz aufhalten wollten, weil unser eigentliches Ziel der Donaudurchbruch bei Weltenburg war.

Die alte Regensburger „Wurstkuchl" hat uns an diesem Vormittag nicht in ihren Bann gezogen, denn erstens gibt es ein ähnliches Lokal auch in München, und zweitens hatten wir gerade gefrühstückt. Wie wir aber so an der Donau entlangschlenderten, bekam der Hamp auf einmal einen nicht enden wollenden Lachkrampf, deutete wild mit den Fingern und brachte nur langsam einen vernünftigen Satz heraus: „Schau nur! Schau nur da drüben! Ha, ha!" Und da stieg auch dem Michael ein breites Grinsen ins Gesicht, und er las laut: „Bayern steigt um auf – Kuchlbauer Weissbier".

Der Leser mag sich nun fragen, ob wir jetzt ganz übergeschnappt sind, weil wir darüber so gelacht haben, aber es wird ihm genauso gehen, wenn wir ihm sagen, daß der erste Teil des Spruchs groß auf eine Hauswand gepinselt war, der Name „Kuchlbauer Weissbier" aber auf einem alten Donaudampfer leuchtete, der vor dem

Haus vor Anker lag. Durch den hohen Stand der Donau ragte dieser Dampfer so weit aus dem Wasser, daß er sich lückenlos in den Werbetext auf der Hauswand einfügte, der als Ganzes in Wirklichkeit lautete: „Bayern steigt um auf Taxis Pils!“

Schadenfreude ist manchmal doch die schönste Freude, vor allem, wenn es eine Brauerei trifft, die jahrelang mit der propagandistischen Brechstange die Bayern zu einem Volk von pilssaufenden Brauereisklaven umerziehen wollte.

Damit soll aber überhaupt nichts gegen das Haus Thurn und Taxis, seine zahlreichen Biererzeugnisse oder gegen die Leute gesagt sein, denen ein Pils lieber ist als ein Weißbier. Wir trinken ja selber gelegentlich gern ein Pils. Aber wer einer Werbeagentur nicht den Geldhahn zudreht, die mit den saudümmsten Sprüchen daran geht, ein ganzes Land aus seiner Tradition herauszureißen, der ist irgendwie auch selber schuld, wenn der Schuß einmal nach hinten losgeht.

„Die Thurn und Taxis werden bald merken, daß sie auf den falschen Dampfer gesetzt haben“, prognostizierte der Hamp, und der Michael ergänzte: „Ja, ja, der Pilsdampfer ist halt abgefahren, und der Weißbierdampfer liegt am Landesteg* . . .“

* Anmerkung: Neuerdings sind die Thurn- und Taxislenker aber offenbar selber umgestiegen und beschwören das Bayernvolk in Wort und Schrift, doch endlich das „Weizen“ aus der „fürstlichen Brauerei in Schierling“ zu bechern. Hoffentlich vergessen sie nicht, dieser an und für sich gesunden Erkenntnis wenigstens einen Pils-Hahn zu opfern.

Wir waren schneller bei diesem Dampfer, als man uns es zutrauen sollte.
Es war ein ausrangierter Raddampfer der Österreichischen Donau-Dampfschiffahrtsgesellschaft, dessen Rentnerdasein offenbar durch intensive gastronomische Nutzung rentabel gemacht wurde. Es ließ sich kaum übersehen, daß er der Brauerei Kuchlbauer aus Abensberg gehörte, weil das in auftrumpferischen Farben auf jeder freien Fläche, sogar auf dem Schornstein, stand. Das ist schon ein bißchen kitschig, aber innen, in den ehemaligen Räumen der Ersten Klasse, ist dann ein feines und dezentes Restaurant, von dem man einen herrlichen Blick auf die Regensburger Altstadt hat, die sich über der Donau erhebt.
Beim Verlassen des Dampfers lasen wir dann einen Hinweis auf die „Weissbier-Brauer-Kuchlbauer-Kirche", die sich ganz in der Nähe des Dampfers befinden sollte.
Nun ist unsere Neigung, Weißbierbrauereien und Kirchen in engem Zusammenhang zu sehen, sicherlich dem einen oder anderen Leser schon zu weit gegangen. Aber daß es einen Weißbierbrauer in einer Kirche geben sollte, kam selbst für uns überraschend. Was würde denn das wieder sein?
Es war nichts, was man so schnell wieder findet, sondern ein einmaliges Vorbild für die wirtschaftliche Nutzung eines denkmalgeschützten Bauwerks. Da ist völlig schmerzfrei in ein seit gut 150 Jahren nicht mehr sakral genutztes Kirchenschiff eine Gaststätte eingepaßt wor-

den, die aussieht, als würde sie von Anfang an dorthinein gehören:
Festmeterweise wurden da alte Balken eingebaut; Stiche, Bilder, Wappen, Tische, alles fügt sich zu einer gelungenen Einheit und als Krönung ist im zweiten Stock noch ein Brauereimuseum angegliedert, das dem Deutschen Brauereimuseum in München höchstens im materiellen Wert nachsteht.
Wer das alles gehortet hat, muß entweder einen großen Geldsack besitzen, oder es in jahrelanger Sammelleidenschaft zusammengerafft haben.
„Das ist fast alles vom Herrn Salleck persönlich", erklärte uns Fritz Stiegler, der füllige und verschmitzte Pächter dieser gastlichen Stätte, „Wenn S' nach Abensberg fahren, treffn S' ihn bestimmt in seiner Brauerei."
Es schien uns gar nichts anderes übrig zu bleiben . . .
Doch vorher gab es um den Regensburger Dom herum noch einiges zu bestaunen; zum Beispiel das Domspatz-Hefeweizen der Brauerei Bischofshof und den Weizenbock derselben Brauerei, der den Beinamen „Altvater" trägt.
„Ha, ha! Des is bestimmt billiger als bei Rummenigge!" lachte der Hamp. „Wieso", fragte der Michael, „ist es in Wirklichkeit ein Erdinger Weissbier?" – „Aber nein!" kam die Antwort, „Du verstehst schon gar nix vom Fußball: der Heini Altvater is doch ein ganz populärer Fußballer gewesen, ich glaub' beim FC Wacker, in den dreißiger und vierziger Jahren." – „Und was hat der mit Weißbier zum tun?" – „Ein bisserl mehr vielleicht schon

als der Karl-Heinz Rummenigge mit dem Erdinger Weissbier; der Altvater hätt' nämlich eigentlich in die Nationalmannschaft g'hört, aber der Nationaltrainer hat ihn nicht mögen, weil der Altvater nach jedem Training eine Halbe Bier gezischt hat. Da hat er dann g'sagt, der Herr Sportprofessor Dr. Nerz: ‚Entweder Bier oder deutsche Ehre!' – und der Altvater hat sich eine Halbe Bier gekauft und den Herrn Professor sitzen gelassen."
Nun ist es keineswegs sicher, ob Hamp mit seiner Namensdeutung des „Domspatzen-Weizenbocks" überhaupt ins Schwarze getroffen hat. Auf jeden Fall haben unsere Fußballer früher ihrem Bier für weniger Geld die Treue gehalten.
Die eben genannte Brauerei Bischofshof stellte zu unserer größten Überraschung aber auch das Weltenburger Klosterweißbier her.
Die Weltenburger Braumeister hatten vielleicht nicht genügend Kapazität in ihrer Brauerei, um unter- und obergäriges Bier nebeneinander produzieren zu können. Und so haben sie vermutlich beschlossen, die Herstellung ihres berühmten Weltenburger Asam-Bocks nicht aus der Hand zu geben, sondern das Hefeweißbier in Regensburg brauen zu lassen.
„Wunderbar, da brauch' ma gar net erst nach Weltenburg fahren", schlug der Michael gleich vor, aber der Hamp lächelte nur milde. Nach der gigantischen Backsteingotik gestern in Landshut und heute in Regensburg, war ganz einfach wieder etwas Barockes fällig. „Na, na", sagte er, „aber diese Befreiungshalle in Kelheim spar' ma

uns. Denn sowas gehört eher zur Zivilisation als zur Kultur!" – „Na schön!", antwortete der Michael, „schiffbar ist die Donau ja auch bei Weltenburg!"
Selbst wenn der Donaudurchbruch ein europäisches Naturschutzgebiet ist, durch das nur sehr wenige Schiffe fahren dürfen.
Dafür kann man dort aber herrliche Spaziergänge unternehmen, die meistens und zu Recht in der Klostergaststätte Weltenburg enden. Dort ist man trotz des großen Betriebs durchaus in der Lage, dem anspruchsvollen Gast auch einmal einen durchbruchsgestählten Donauwaller köstlich zubereitet auf den Tisch zu bringen.
Der ist zwar dann nicht ganz so groß, aber halt auch nicht ganz so zäh, wie der Drache, mit dem sich der heilige Georg des Ägid Quirin Asam schon seit 1721 in der Klosterkirche herumplagen muß. Womit wir schon mitten in der berühmten Kirche wären, an deren Bau nicht nur die damals noch relativ jungen und unbekannten Asambrüder beteiligt waren, sondern auch die Baufirma Michael Wolf aus Regensburg – Stadtamhof. „Respekt, Respekt, Michi, sauber hinbekommen", lobte Hamp. „Mei, kein Wunder bei dem Personal", meinte der Michael leichthin, „ich hab es dem Abt Maurus Bächl ja damals auch g'sagt, daß die zwei Brüder begabt sind, und recht hab' ich g'habt – Weltenburg war dann auch prompt der große Durchbruch für die beiden."
Und zwar schon lange, bevor die Klosterkirche überhaupt fertig war. 1716 war Grundsteinlegung, aber bis

zur Fertigstellung des Rohbaus 1718 mochte der damals 23jährige Ägid Quirin nicht warten, denn mittlerweile war der Bekanntheitsgrad der Asambrüder weit über Weltenburg hinausgewachsen. Und außerdem hatte sich Abt Maurus Bächl in echter Barockmanier mit dem Finanziellen ein bisserl verschätzt. Offenbar hatte er nicht damit gerechnet, daß auch andere pfiffige Pröpste um Zuschüsse aus dem Faßgroschenfond nachsuchen würden.

Wir haben diese segensreiche Einrichtung der bayerischen Kurfürsten ja schon einmal erwähnt: In den kurfürstlichen weißen Bräuhäusern wurde für jedes verkaufte Faß Bier ein Groschen für fromme Bauintentionen abgezapft.

Nun hatte sich Bächl natürlich schon frühzeitig um Zuschüsse bemüht, aber so viele Anträge auf Unterstützung konnte der rührige Abt gar nicht stellen, wie die Asambrüder in dieser Zeit Aufträge bekamen. So kam es, daß gleich nach der Fertigstellung des Rohbaus anno 1718 der Architekt von Weltenburg, Cosmas Damian Asam, nach Weingarten abgeworben wurde. Sein Bruder Ägid schwang ja schon seit 1717 in Rohr die Gipserkelle, und erst 1721 gingen die beiden wieder nach Weltenburg, um gemeinsam die Kirche mit dem Wichtigsten auszustatten: Ägid lieferte seinen Hochaltar mit der St. Georgs-Rittergruppe ab, und sein Bruder freskierte die große Kuppel. Und als Symbol der architektonischen Allgegenwärtigkeit des Cosmas Damian Asam lurt von der Balustrade eine verzückte Figur mit seinen

Portraitzügen in den Kirchenraum hinunter. So konnte der Asam jedem seiner Vergolder auf die Finger schauen, ohne seine übrige Arbeit liegen lassen zu müssen. Denn schließlich mußten die Brüder ja nach Rohr weiter, um die dortige Kirche zur Himmelfahrt Mariens fertig zu bekommen.

Auch wir wollten nach Rohr, weil wir wußten, daß uns dort der großartigste Hochaltar des bayerischen Barock erwarten würde. Natürlich weiß der Leser längst, daß wir nicht nur auf den Hochaltar, sondern auch auf Hopfen und Hefe aus waren. Aber davon nachher.

Fünfzehn Kilometer von Rohr liegt nämlich Abensberg, wo der Herodot von Altbayern, der Vater der bayerischen Geschichtsschreibung, geboren ist: Hans Turmair, der sich nach seiner Heimatstadt Johannes Aventinus nannte.

Nun soll es ja Leute geben, die der Name Aventinus nur an das gleichnamige Weizenstarkbier der Brauerei Schneider & Sohn erinnert. Das werden dann dieselben Leute sein, die uns granten, weil wir in dieser Weißbierfahrt um Kelheim einen Bogen gemacht haben. Wo doch in Kelheim die berühmte Schneiderweisse und der Aventinus hergestellt werden. Aber die Schneiderweisse gilt eben für uns immer noch als ein Münchner Bier, auch wenn die Produktion nach dem Krieg nach Kelheim verlagert werden mußte. Im übrigen geht der Name des Weizenstarkbiers vom Schneider gar nicht auf den Geschichtsschreiber Aventin zurück, zumindest nicht unmittelbar: Das verdankt seinen Namen der einfachen

Tatsache, daß sich Direktion, Flaschenfüllerei und Fuhrpark der Brauerei Schneider lange Jahre in der Münchner Aventin-Straße befanden.
Doch nun zurück zu dem Aventinus, von dem wir hier reden. Der hat nämlich schon 1477 das Licht der Welt erblickt und nicht erst im 19. Jahrhundert wie die Brauerei des Georg Schneider.
Trotzdem wird er allerhand mit Bier zu tun gehabt haben, vor allem, wo sein Vater doch einen Wein- und Bierausschank besessen hat. Als Aventinus dann zehn Jahre alt war, hat auch noch eine Brauerei in seiner Heimat aufgemacht, die heute den Namen Hofbräu Abensberg trägt. „Babonen-Weizen-Export – seit 1487" heißt das Weißbier dieser Brauerei. Ob Aventin es schon getrunken hat?
Oder wurde er mit so etwas wie dem „Aloysius" der Brauerei Kuchlbauer großgezogen, die sich immerhin auf das Jahr 1300 zurückdatiert? Der schmeckt so nach Malz, daß wir ihn schon fast anstelle eines Malzkaffees zum Frühstück empfehlen würden, wenn er nur nicht gar so schnell aus der Flasche heraus wollte. Vormittags würden wir da schon eher zum normalen Hefeweißbier vom Kuchlbauer raten.
Genug davon, – schon 1509 wurde der gescheite Turmair ja nach Burghausen geholt, um die Prinzen am Hofe zu erziehen. Und dort gibt es sehr, sehr gute Weißbiere, wie wir schon erzählt haben . . .
Aber nicht nur den Aventinus hat es in die Gegend um Burghausen gezogen, sondern auch den uns schon aus

Regensburg bekannten „Weißbierbrauer Kuchlbauer". Das merkt man spätestens, wenn man an der sogenannten Gillamooswiese am Stadtrand von Abensberg vorbeikommt, wo gerade ein alter Bundwerkstadl aus der Burghausener Gegend originalgetreu wieder aufgerichtet wird. Diese fachwerkähnlichen Bauernstadl sind äußerst seltene Meisterwerke der Zimmermannskunst des letzten Jahrhunderts und entstanden vor allem in der Zeit zwischen 1810 und 1870 im nördlichen Rupertiwinkel. Der in Abensberg fertig aufgebaute Stadl soll den Bürgern als Festhalle dienen und dem „Kuchlbauer" die Möglichkeit geben, rund 1000 Leuten auf einmal sein Bier auszuschenken. So trägt das ehrgeizige Projekt natürlich keinen anderen Namen als „Kuchlbauer-Weißbierstadl".

Aber wie kam der Stadl hierher? Dieser „Kuchlbauer" alias Salleck mußte endlich gefunden werden! Denn wenn ein Weißbierbrauer eine so glückliche Hand mit der wirtschaftlichen Nutzung von Kulturdenkmälern hat, dann mußte er auch etwas zu sagen haben. So hoben wir die Bedeutung unseres Weißbierbuches drastisch an und baten den Herrn Salleck um ein Gespräch. Der wollte sich tatsächlich Zeit für uns nehmen, „aber erst in einer Stund', da treff' ma uns dann in meiner Wirtschaft am Stadtplatz." Und schon forderte das Telefon wieder seine ganze Aufmerksamkeit.

Uns blieb außer einigen Broschüren, die er uns schnell in die Hand gedrückt hatte, eine knappe Stunde der Vorbereitung auf diesen dynamischen Mann. Wir nutz-

ten sie, um uns die schönen Asam-Engel in der Abensberger Karmelitenkirche anzusehen und setzten uns dann in die Wirtschaft „Zum Kuchlbauer", um die Salleck'schen Broschüren zu studieren. Da stand es auch, wie er zu dem Bundwerkstadl gekommen war. „Durch den Hinweis eines Abensberger Bürgers erfuhren wir, daß in der Gegend zwischen Altötting und Burghausen mehrere Kuchlbauernhöfe bestehen. Anläßlich eines Besuches im Bauernhofmuseum in Massing wollten wir diese Anwesen, die ebenfalls unseren Hausnamen tragen, ausfindig machen.
Nachdem wir dem Kuchlbauer in Lengthal und jenem in Zeitlarn bei Altötting eine kurze Aufwartung gemacht hatten, fragten wir in Wechselberg nach dem dortigen Kuchlbauer. Dabei gerieten wir zum Kuchlbauernachbarn Kettenberger, der gerade im Begriff war, den Abbruch eines wunderschönen, aber baufälligen Bundwerkstadls zu beginnen.
Da diese in der Regel unter Denkmalschutz stehen, erkundigten wir uns nach dem Ansinnen. Herr Kettenberger erklärte uns, daß das Gebaude für ihn nicht mehr nutzbar bzw. zu unterhalten wäre, und er nach dreijährigem Hin und Her mit dem Landesamt für Denkmalpflege die Abbruchgenehmigung erhalten hätte, die wertvollen Teile bereits verstellt seien, und jetzt „fliagta", der Stadl.
Nach beteuernder Zusicherung unsererseits, daß der Stadl wieder in allen Ehren und voller Pracht aufgestellt werden würde, wenn wir ihn erwerben würden, machte

uns der Kuchlbauernachbar von Wechselberg ein anständiges Gebot und streckte die Hand aus, in die wir zum Abschluß der Handelschaft einschlugen.
Mit einem Kasten Kuchlbauer-Weißbier aus unserem Kofferraum saßen wir nachher noch einige Stunden in der Bauernstube, ließen uns von dem launigen Bauern erklären, daß die Bauernarbeit sehr schön sei, man dürfe nur nicht die vom Knecht erwischen. Da er einen solchen nicht mehr habe, bleiben ihm heute beide Arbeitsbereiche. Die drei Söhne studieren am „Aventinus-Gymnasium" in Burghausen und der Hof wird jetzt vollautomatisch. „Alles wird gescheiter und einfacher, – sowieso."
Die Aussicht, daß der Stadl im Ganzen wieder aufgestellt werden soll, machte dem Bauern das Herz leichter und er verabschiedete uns mit den Adressen von einigen studierten Stadlexperten und dem ehrlich gemeinten Spruch: „Hoffentlich wißts Ihr, was's Euch da aufgetan habts; – aber oans is a gwiß, koan schönern und größern Stadl werds bei uns herunten nimmer sehgn und mia ham die schönsten Bundwerkstadl überhaupt. Bei Euch drobn schaugn man uns dann an. Pfüat Euch Gott".
Und da kam er auch schon selber zu uns an den Tisch, der Geschäftsführer der Brauerei Kuchlbauer in Abensberg Leonhard Salleck, und spendierte uns gleich Abensberger Spargel zum Weißbier. Erst war er schon sehr skeptisch und reserviert, als er hörte, daß wir gegen das klare Weißbier und für das volle Einschenken der Hefe seien. „Des hab' ich ganz anders g'lernt, wissen S'. Vor zehn Jahr' ham noch alle g'meint, je klarer ein Bier ist,

desto besser. Ich selber nehm' ja schon gern a bisserl Hefe mit rein, aber die Leut' wollens doch vielfach noch anders."

Aber radikales Umdenken ist dem Salleck noch nie schwer gefallen. So hat er sich den Donaudampfer in Regensburg ursprünglich als „Kuchlbauer Pilsdampfer" vorgestellt gehabt, bis er an den steigenden Umsätzen seiner „Weißbierbrauer-Kirche" merkte, daß es die Regensburger nicht so sehr nach dem Pils dürstet. Ein Niederbayer versteht es halt nicht so schnell, wenn der Trend zu einem Bier geht, das viel teuerer als das normale ist. Aber wenn er es einmal gemerkt hat, dann geht's gleich ganz gach: Heute gehen schon über fünfzig Prozent des Kuchlbauer-Bierausstoßes auf das Weißbierkonto.

Überhaupt, der Dampfer! Da gab es tausend Behördenrennereien, bis das Schiff einmal dalag. Es war ja genau wie die Kirche allen Regensburger Brauereien angeboten worden, aber keine hatte sich getraut. Es brauchte schon einen Unternehmer von der Zähigkeit und dem Ideenreichtum eines Salleck: „So ein Brauereimanager mit seinem Fünfjahresvertrag derpackt das nicht. Das sind Investitionen, die sich vielleicht erst nach zehn oder noch mehr Jahren auszahlen. Eine richtige Gratwanderung – aber wenn ma nix macht, dann is' a nix", meinte er. Und wie ihm die Umbaukosten für den Dampfer bei der Regensburger Werft zu teuer wurden, hat er zum Beispiel die alten Waschbecken kurzerhand eigenhändig abmontiert: „Statt Jogging", erzählt er grinsend.

Die Brauerei ist seit 1904 im Besitz seiner Familie, aber Salleck ist nicht der einzige Erbe. Da hat es viel substanzzehrende Streitereien gegeben, bis der Leonhard mit dem Studium so weit war, daß er die Geschäftsführung übernehmen konnte. Aber dann hat er eine Idee nach der anderen verwirklicht: Da brachte zum Beispiel eine Umgehungsstraße die Regensburger, die nach München fuhren, von ihrer Gewohnheit ab, beim Kuchlbauer einzukehren. Also mußte er selber in Regensburg aktiv werden. Und dort hat es der kleine Abensberger „Bauernbräu", wie er sich selber gern nennt, den großen Kollegen aus der Stadt ganz schön gezeigt.

Wir wünschen ihm viel Erfolg, diesem ausgefuchsten Kuchlbauern, dem Salleck Leo, der in seinem niederbayerischen Abensberg neben aller Unternehmerhektik noch Zeit für eine Doktorarbeit findet, und der zur Verteidigung seiner umstrittenen Bundwerkstransplantation notfalls auch den alten Platon aufmarschieren läßt: „Das Schöne an sich ist ohne Begriff." Mag sein.

Doch als wir fünfzehn Kilometer weiter waren, in Rohr, da war es dann schon ziemlich nah am Schönen selber dran, was Ägid Quirin Asam hier hinterlassen hat, um nur einen einzigen Augenblick festzuhalten: wie die Apostel das leere Grab der Maria gefunden haben und eben gegenwärtig werden, daß Maria über ihnen von Engeln in den Himmel hinauf getragen wird. Auf den Gesichtern dieser Apostel spiegeln sich alle nur denkbaren Reaktionen über das Wunder der Himmelfahrt: Da ist das ungläubige Staunen, das fassungslose, mit den

Händen tastende Zweifeln. Da ist der Drang, das Ereignis im Zwiegespräch zu verdauen, ebenso wie gläubige Demut – und selbst Jakobus, der zu spät kommt, gehört noch dazu.

Und das alles nicht bloß in der platten Sphäre einer zweidimensionalen Altartafel, sondern als eine plastische Opera sacra, mit überlebensgroßen Stuckfiguren als Darstellern: die Kirchenbänke wie das Parkett eines Zuschauerraums, das dunkle Chorgestühl wie ein Orchestergraben, und der Tabernakel wie ein göttlicher Souffleurkasten, aus dem die Inspiration geflüstert wird, von der die Figuren auf der Bühne ihr Leben erhalten.

„Der Pater muß sich wie ein Maestro vorkommen hier", sinnierte der Hamp, doch der Michael erwiderte, „Bei der Inszenierung braucht's keinen Maestro! Allerhöchstens einen Orgelspieler."

Ein Weißbier bekamen wir erst wieder bei unseren beiden nächsten Stationen, auch wenn es in Siegenburg und Geisenfeld keine so bedeutenden Kirchen gibt.

Immerhin sind aber die Brauereien beachtlich anzuschauen: Vor allem der Schmidmayerbräu in Siegenburg, der genauso sauber und adrett von der Kirchenuhr am Sudhaus bis zum Storchennest auf dem Schornstein droben dasteht, wie man das von einer Brauerei erwarten darf, die auf dem Weißbieretikett einen frischgestriegelten Schimmel vorzeigt.

Etwas anders ist es in Geisenfeld, wo das Kloster samt den stattlichen Braugebäuden einen arg verschimmelten Eindruck erweckt, der lediglich durch das Weißbier

wieder gerettet wird: das ist allerdings ein ästhetischer Genuß ersten Ranges, wenn es dunkelbraun mit leicht rötlichem Schimmer vor einem steht und die Kohlensäure sanft durch die gleichmäßig trübe Hefe perlt. Leider schmeckte es uns nicht so gut wie es aussah – tragisch. Und das ausgerechnet in einer Brauerei, deren Besitzer einmal in unserer Gegenwart auf dem Oktoberfest behauptet hat, das älteste Weißbier der Welt herzustellen. Immerhin soll es die Kloster-Weisse aus Geisenfeld schon seit dem Jahre 1030 geben.
Und das wäre allerdings älter als Weihenstephan.

Aus dem Schneider

Zu Hause bekamen wir dann ganz schön was zu hören: „Das geht doch nicht, daß Ihr Kelheim und den Schneider einfach ausg'lassen habts", attackierte uns die liebe Verwandschaft. „Jetzt vertrödelt's Eure Zeit schon so lang mit dem Weißbier, und dann wißt's immer noch nichts über die ‚Schneider-Weisse' – geht's doch lieber wieder studieren!"
Aber natürlich, liebe Durchwühler unseres Manuskriptberges. Wir wußten doch schon längst, was es mit dem „Schneider" auf sich hat. Aber der ist erstens ein Münchner und deswegen für unser Buch ziemlich uninteressant, und zweitens: So verdienstvoll ist er für das Weißbier auch wieder nicht gewesen, zumindest nicht in diesem Jahrhundert. Da war die Brauerei Schneider zwar die einzige, die das Weißbierbrauen im größeren Stil aus

dem letzten Jahrhundert herübergerettet hat, aber inzwischen hat diese Brauerei doch auch einiges dazu beigetragen, daß die Vielfalt der Sorten einem einheitlichen Gebräu weicht. Da wurden selbst eigene Sorten abgeschossen, zum Beispiel die „Edel-Weiße“, deren Name noch in den zwanziger Jahren patentamtlich geschützt war, oder der St. Michaels-Bock aus der von Schneider aufgekauften Klosterbrauerei St. Michael in Berg am Laim. Diese Brauerei, liebe Verwandschaft, hätten wir schon sehr gern beschrieben, zumal die dortige Klosterkirche von Johann Michael Fischer stammt, den wir im nächsten Kapitel wieder treffen werden.

Schrobenhausen – Sandizell – Pöttmes – Inchenhofen – Maria Birnbaum – Altomünster

Schrobenhausen hatten wir hinter uns gelassen; erfolgreich, versteht sich. Nicht nur, daß wir uns ohne Schrammen durch das Schrannenfest gedrängt hatten, das die bierselige Stadt gerade beschäftigte, nein, der Hamp hielt auch noch zufrieden eine Flasche „Kurz-Hefe-Weizenbier“ in der Hand.

Ein Glück, denn wir hätten ja auch zu spät kommen können: das Buch, das uns nach Schrobenhausen geführt hatte, stammte nämlich aus dem Jahre 1963. Dort war der Hamp nach 221 vergeblich gelesenen Seiten endlich fündig geworden: „Wohlschmeckend und besonders bekömmlich ist das seit über 40 Jahren von der Weizenbierbrauerei Josef Kurz angebotene Weizenbier. 1910 hatte der Metzgermeister und Gastwirt die kleine Brauerei gegründet. Sein inzwischen verstorbener Sohn baute die Brauerei aus. Heute führt die Witwe den Betrieb.“

Nun wissen wir natürlich nicht, ob die Witwe des seligen Kurz auch heute noch die Geschäfte führt, und ebensowenig können wir dem Leser garantieren, daß es das „Kurz-Hefe-Weißbier“ noch gibt, wenn er dieses Buch liest. Aber eines ist sicher: der Weg nach Schrobenhausen lohnt sich dafür, denn wir zögerten nicht, es als ein „schwäbisches Unertl“ zu bezeichnen.

Und selbst wenn es das „Kurz“ nicht mehr geben sollte, ist der Weg nicht vergeblich gewesen, weil Sandizell mit seiner Asamkirche gleich hinter Schrobenhausen auf den Leser wartet. Falls er aber nur auf Weißbier aus ist, kann er gleich nach Pöttmes weiterfahren. Er wird sich vielleicht daran erinnern, daß es dort das Erdinger Stiftungsweizen gibt. Aber auch die ortsansässige Schloßbrauerei produziert neuerdings ein eigenes Weißbier.

Und dann ging es weiter nach Inchenhofen, zur Leonhardikirche, wohin sich jedes Jahr im November zehn- bis zwanzigtausend Wallfahrer aufmachen, um dessen Todestag das Andenken zu bewahren. Das ist kein Pygmäenbarock wie in St. Leonhard zu Froschhausen bei Murnau, sondern eine gestandene Hallenkirche aus der Spätgotik, die mit ihrem beachtlichen Deckenfresko von Ignaz Baldauf und ihrer beschwingten Rokokoausstattung vor allem einen großen Vorzug hat: Sie ist nicht so protzig, wie wir das von anderen Wallfahrtskirchen kennen.

Aber ausgerechnet die Leonhardsfigur auf dem Hauptaltar sitzt im goldenen Mantel da. Und einen goldenen Bischofsstab muß sie auch noch halten.

„So a Schmarrn!", ärgerte sich der Hamp, „wo der Leonhard doch nicht Bischof hat werden wollen, sondern ein bescheidener Wanderprediger geblieben ist. Und Gold hat er doch auch keins annehmen wollen vom König, sondern sich lieber mit einem Stück Land begnügt. Wie stellen sich diese Wallfahrtsorganisierer denn den Himmel eigentlich vor? Daß man da all das auferlegt bekommt, was man im Leben nicht hat haben wollen? Heißt es denn nicht: Des Menschen Wille ist sein Himmelreich? Aber dem Leonhard ist es scheinbar gegangen wie dem Münchner im Himmel alias Engel Aloisius: Der hat auch gemeint, im Himmel ging's so weiter wie bisher, wenn man nur gut genug, und das heißt „mit Bier und Brotzeit" gelebt hat. Dabei läuft des da droben scheinbar ganz anders!"

Doch der Michael wollte keine theologischen Diskussionen aufkommen lassen und entgegnete locker: „Der goldene Mantel ist doch bloß Tarnung! Der Leonhard ist doch dazu da, die Gefangenen zu befreien. Das sieht man doch an der Kette, die er immer dabei hat. Und so einen goldenen Bischof läßt man eben viel leichter durch zu den Gefangenen, verstehst? Der ist Pragmatiker, der Leonhard!"

Pragmatisch waren wir auch, als wir das Hefeweizen der Schloßbrauerei Unterbaar gleich in Inchenhofen neben der Kirche kauften. Es war herb und würzig, und wir können es jedem durstigen Pilger bedenkenlos empfehlen, ohne nachher zur Beichte zu müssen.

Uns drängte es aber nun nach Maria Birnbaum und Altomünster.

Maria Birnbaum ist eine typische Parkplatzwallfahrt, wo sich die Bäuerinnen in ihrer alten Tracht mit dem Mercedes hinchauffieren lassen, um die Maria im Birnbaum um Subventionen zu bitten. Den wundersamen Birnbaum gibt's tatsächlich noch, und man hat die leicht orientalisch anmutende Kirche einfach drumherumgebaut. Eine Wirtschaft dagegen war nicht zu finden, –

dafür lag aber eine leere Flasche „Zett"-Hefeweißbier aus Ehekirchen bei Neuburg an der Donau auf dem Wallfahrerparkplatz. Obwohl wir selber noch nie in den Genuß dieses Weißbiers gekommen sind, gehen wir doch davon aus, daß niemand es auf eine so lange Wallfahrt mitnähme, wenn es nicht ausnehmend besser schmecken würde als die Produkte, die es unterwegs zu kaufen gibt.

Das nächste Ziel war Altomünster. Dort gibt es noch heute zwei Brauereien, die sich um die Ehre streiten, ihr Bier nach dem Rezept der heiligen Birgitta aus Schweden zu brauen, obwohl diese emanzipierte Dame selbst nie in Altomünster gewesen ist. Dafür trägt aber das Birgittenkloster von Altomünster ihren Namen und lebt nach der Regel, die die schwedische Heilige für ihre Nachahmer ersonnen hat.

Von der Ordensgründerin ist aber nicht nur ein Bierrezept für die Klosterfrauen überliefert, sondern auch die Legende, daß sie Wasser in Bier verwandelt habe. Ob man auf diese Weise das bayerische Reinheitsgebot umschiffen kann, wissen wir nicht, wir können uns aber nicht vorstellen, daß sich der Altomünsterer Maier- und der Kapplerbräu um d i e s e s Rezept streiten.

Während der Maierbräu bei unserem Besuch das Freisinger Moy-Hefeweißbier zum Ausschank brachte, ist der Kapplerbräu neuerdings sogar zur Herstellung eines eigenen Hefeweißbiers übergegangen, während er früher nur ein verkapptes Ingo-Bräu aus Ingolstadt weiterverkauft hat.

Trotzdem kehren wir persönlich lieber beim Maierbräu ein, wenn man bei schönem Wetter im Biergarten sitzen kann, und sich ein Blick auf den schönen Rokokoturm lohnt, den der greise Johann Michael Fischer dem Altomünster gegeben hat. Er „rentiert" sich, möchte man beinahe sagen, weil es beim „Maier" nicht selten köstliche Schnitzel vom Rentier gibt, Anklänge an die nordische Heilige wohl, die dem Orden Namen und Regel gab.

Der Birgittenorden ist ein Doppelorden von Männern und Frauen, die miteinander das Chorgebet zu verrichten hatten. Das letzte männliche Ordensmitglied starb allerdings 1863 in Altenerding, nachdem er 60 Jahre lang die Säkularisation des Jahres 1803 überlebt hatte. Immerhin gibt es heute noch den weiblichen Ordenszweig, wenngleich Altomünster in Deutschland das einzige Birgittenkloster ist.

So wird der doppelchorige, symmetrische Grundriß, den Johann Michael Fischer für das Altomünster ausgetüftelt hat, heutzutage wohl nicht mehr so zweckmäßig sein wie früher, weil dem Gebet der Nonnen heutzutage der tragende Baß des Herrenchors abgeht.

Dafür aber durchwandeln etliche Besucher die verwinkelten Chorumgänge, weil es auf der Welt bestimmt nicht viele Kirchenräume gibt, die so viele faszinierende Perspektiven zeigen wie die Altomünsterer Doppelchorkirche. Es ist eben vor allem die architektonische Linienführung, der geradezu virtuose Aufbau des Mauerwerks, der an den Kirchen des Johann Michael Fischer immer wieder so begeistert. Da folgt ein Raumerlebnis dem anderen, wenn man durch die Balkone und Nischen der Wandelgänge blickt, und Benno Hubensteiner trifft wieder einmal den Nagel auf den Kopf, wenn er ohne Umschweife schreibt: „Neben den Asam steht schlicht und gerade, Maurer durch und durch, Johann Michael Fischer . . ."

Der Radius des Teufelskreises

Allmählich war das Weißbiersuchen zur zeit- und vor allem geldzehrenden Leidenschaft geworden. Und nicht einmal die Hoffnung war uns geblieben, daß wir all' das eingesetzte Pfand einmal wiederbekommen würden – wir hatten einfach keinen Platz für das ganze Leergut. „Den barocken Lebensstil, den wir uns für das Weißbierbuch zugelegt haben, bezahlt uns doch eh' kein Verlag!", jammerte der Michael.
Aber Aufhören mochten wir auch nicht mehr mit dem Sammeln, weil dann das Buch ja nie fertig werden würde. – Ein Teufelskreis, dessen Radius sich langsam um die Taille herum bemerkbar machte . . .
„Dann fahr' ma halt in eine sparsamere Gegend!", beschloß der Hamp, und dem Michael blieb keine Chance zum Aussteigen.

Vilsbiburg – Frontenhausen – Arnstorf – Aidenbach – Aldersbach – Vilshofen – Asenbaum – Hutthurm – Passau – Griesbach – Rotthalmünster – Kößlarn – Triftern – Pfarrkirchen

Niederbayern ist immer unser Angstgegner geblieben. Aber jeder muß einmal nach Niederbayern, und so haben wir es halt eines Tages gepackt.

Es war schon eine arge Durststrecke, bis wir endlich den spätgotischen Kirchturm von Vilsbiburg über der niederbayerischen Hügellandschaft ausmachen konnten. Hier stießen wir auch auf das erste Weißbier: „ABV – Spezialweissbier" nannten sie es, dieses Produkt der Aktienbrauerei Vilsbiburg, aber wir fanden es eher normal als spezial.

Und dann waren es wieder runde 20 Kilometer bis Frontenhausen, wo der Röhrlbräu sein Weizen macht: ein hefearmes, sehr belebendes Weißbier, das im oberbayerischen Raum auch unter dem Etikett der Schloßbrauerei Hohenthann zu haben war. Auch um das Dunkle dieser Brauerei bräuchte man als Münchner nicht so weit zu fahren, weil es der Schnellinger in Isen hat.

Niederbayern ist nicht gerade ein Land mit allzu vielen Kirchen, Klöstern oder großen Städten; häufiger trifft man da schon auf alte Bauernmärkte, weitläufige Gehöfte und protzige Herrensitze.

Einen solchen fanden wir in Arnstorf: Da steht das wuchtige Schloß der Grafen von Deym, – und allein dies rechtfertigt es in unseren Augen, Arnstorf den einzigen „lila Punkt“ auf der Landkarte weit und breit zuzusprechen.

Aber allein wegen der guten Straßen und der unzweifelhaft meisterhaften Barockausstattung des alten Landsitzes hätten wir uns den Weg nach Arnstorf nicht aufgetan. Und doch hat eben einer jener Schloßherren, Joseph Graf von Deym, das Seinige dazu getan, um in diesem Buch erwähnt zu werden: Der besaß nämlich das Bräurecht zu Arnstorf, und jede andere dort ansässige Brauerei hatte ihren Bierausstoß gefälligst auf 1500 Hektoliter jährlich zu beschränken.

Nun wissen wir zwar nicht, ob die Käuferin, die Ende des ersten Weltkrieges ihren Milchladen in München aufgab und für ihren Mann eine Weißbierbrauerei in Arnstorf erstand, um dieses Expansionshemmnis wußte, – sicher aber können wir darin mit einen Grund vermuten, der den Großvater Unertl und seine Frau veranlaßte, 1928 seine Braugeschäfte nach Mühldorf zu verlagern. Wie der Leser ja schon weiß, ist dort heute noch ein Zweig der Unertl'schen Brauerdynastie tätig.

Durch Aidenbach vor Aldersbach, unserer nächsten Station, weht ein Hauch von Geschichte. Das merkt man sogar noch auf dem Etikett des „Aidenbacher Edel-Weizens“, wo heute noch ein fahnenschwingender Bauernführer mit der weißblauen Fahne an das grausige Gemetzel im Januar 1706 erinnert, bei dem die letzten Getreuen des Kurfürsten Max Emanuel von der österreichischen Übermacht niedergehauen wurden.

Dem Kurfürsten selber war zwar Bayern nur ein Mittel zum Griff nach größerer Macht, aber den braven niederbayrischen Bauern war er immer noch lieber als der Kaiser in Wien. So starben sie für das Motto: „Besser bayerisch sterben, als in des Kaisers Unfug verderben!" Nur in Niederbayern gab es eben den regelrechten Volks- und Partisanenkrieg, wenn man unseren Historikern Glauben schenken darf.

Ja, zäh sind sie immer schon gewesen, die Aidenbacher, aber es mag nicht nur daran liegen, daß sich das Brauhaus Aidenbach des Xaver Straubinger und Hans Wörlein gegen die übermächtige Konkurrenz der Aretin Werke KG hat halten können. Die sitzt nämlich im nahen Aldersbach und protzt in einer 1970 erschienenen Festschrift anläßlich des 700jährigen Brauereijubiläums kräftig damit, die meisten Kleinbrauereien der Umgebung aufgesogen zu haben.

Die Aldersbacher Kommanditisten haben vor allem auf das Pils gesetzt und kommen mit dem Hefeweißbier nicht so recht zu Rande. Wir merkten das schon an scheinbaren Äußerlichkeiten wie den alten Flaschenetiketten: Da mußte der verblüffte Weißbiertrinker nicht nur lesen, daß das Aldersbacher Hefeweizen lediglich aus Hopfen und Wasser bestehen sollte, sondern er mußte auch noch den befremdlichen Ausspruch schlukken, daß das ganze „urbayerisch würzig und klar" sei. Nun ist in jüngerer Zeit den Etikettendesignern offenbar schon klargeworden, daß gerade ein gut eingeschenktes Hefeweißbier eher zur Trübung als zur Klarheit neigt, und so kreierten sie ein völlig neues Etikett, auf dem das Bier in „Aldersbacher Hefe-Abteiweizen" umgetauft wurde. Das aber scheint uns eher dazu angetan zu sein, den ersten Preis in einem Wettbewerb für Bavarica-Kitsch einzuheimsen.

Doch nun zu dem Gebäude, von dem sich das Abteiweizen der Aretin KG seinen Namen geliehen hat, der Zisterzienserabtei Aldersbach.

Der erste Blick auf die mächtige Turmfassade mit ihrem ausladenden Portal erinnert einen unwillkürlich an berühmte österreichische Stifte wie Zwettl, Altenburg oder Dürnstein. Aber anders als in Österreich ist hier nur die ehemalige Abtei und das ganze Drumherum von Gebäuden schmuck und sauber herausgeputzt, während die Kirche sich in einem reichlich traurigen Zustand präsentiert, der über eine barocke Patina weit hinausgeht.

Das ist nun nicht allein auf Fehler und Versäumnisse der letzten Zeit zurückzuführen, denn die Säkularisation hat der Abteikirche von Aldersbach wirklich besonders übel mitgespielt.

Der Kirchenführer schweigt zwar darüber, aber diese herrliche Kirche der Brüder Asam wurde von 1803 bis 1806 tatsächlich als Pferdestall mißbraucht. Der gesamte Klosterbesitz, darunter auch die größte Elektrisiermaschine Europas, kam mir nichts dir nichts unter den Hammer und wurde praktisch verschleudert. Besonders kräftig langten 1804 die Vilshofener zu: Für ihre eh schon mit Aldersbacher Geld neu erbaute Stadtpfarrkirche holten sie sich aus der alten Abteikirche auch noch eine billige Grundausstattung: Zwei Glocken, vier Beichtstühle, vierundzwanzig zinnerne Leuchter, zahlreiche Meßgewänder, Altartücher und die Turmuhr. Um das Kraut aber noch ganz fett zu machen, haben sie aus der großartigen Orgelempore des Ägid Quirin Asam auch noch die Rokokoorgel eines Passauer Meisters herausgerissen . . .

An die Kahlstelle in Aldersbach hat man dann 1929 ein Instrument aus Plattling plaziert, das zwar auch Musik erzeugen kann, nach dem man sich aber tunlichst nicht umdrehen sollte, weil es, wie der Pfarrer richtig bemerkt, den „Schandfleck" der Kirche darstellt.

1806 wurde die Klosterkirche dann durch Erhebung zur Pfarrkirche wenigstens vor dem Abbruch gerettet. Die Abteigebäude aber gelangten in den Besitz der freiherrlichen Familie von Aretin, welche aus den umliegenden Räumlichkeiten heute wirtschaftlichen Nutzen zieht.

Wir können nur hoffen, daß die Klosterkirche eines Tages ebenso gepflegt dasteht wie die Gebäude der Aretins, und daß man die alte Orgel wenigstens im Nachbau wieder erstehen lassen kann. Die ersten Gerüste standen ja bei unserem Besuch bereits, und vielleicht läßt sich die Restaurierung durch eine großzügige Spende beschleunigen. Es sollte doch sehr verwundern, wenn ein Kunstwerk von der Größenordnung Aldersbachs hintanstehen müßte, wo es doch in Oberbayern jedem kleinen Dorf gelingt, die Mittel für das Herausputzen seiner Kirche aufzutreiben.

Vom Wohnsitz der Orgelentführer selbst, von Vilshofen, scheinen uns nur zwei Tatsachen bemerkenswert: erstens, daß sich ein gewisser Wieninger, Brauer seines Zeichens, um den Wiederaufbau der Pfarrkirche Vilshofen so verdient gemacht haben muß, daß sein Name gleich mit dem damaligen Kurfürsten Max IV. Joseph in einem Wappen verewigt worden ist. Allzu schwer gedrückt haben den Wieninger diese Ausgaben aber sicher nicht, hatte er doch erst kurz zuvor bei der Säkularisierung des Vilshofener Chorherrenstifts recht behende nach den Liegenschaften des Klosters gegriffen. Uns drückte in diesem Zusammenhang nur die Frage, ob der Vilshofener Brauer Wieninger etwa mit dem seit 1666 in Teisendorf ansässigen Wieninger-Bräu in Verbindung gestanden haben mag, denn auch dieser Wieninger aus Teisendorf hat ja durch die Säkularisation einen nicht unerheblichen Zuwachs erfahren. – Doch wie auch immer, die Wieninger brauen heutzutage nur mehr im Rupertiwinkel, haben etliche Verdienste um das Brauwesen und verdienen auch selber bestimmt nicht schlecht.

Dagegen ist der Wolferstätterbräu, die heutige Brauerei Huber, seit 1542 in Vilshofen ansässig und ließ sein Weizenbier bereits Ende des 16. Jahrhunderts über die Landesgrenzen hinaus bis nach Serbien und Rom exportieren. Bei welcher Gelegenheit das geschah, wissen wir allerdings nicht.

Interessant in diesem Zusammenhang ist aber die Tatsache, daß die kurfürstlichen Weissen Bräuhäuser entlang der Donau und dem Inn in Mattighofen, Hals, Schwarzach, Kelheim und natürlich auch in Vilshofen nach 1683 im Rahmen der Ungarnfeldzüge die Verproviantierung von Hof und Heer Max Emanuels größtenteils zu übernehmen hatten.

Wurde aber dann ein solcher Kriegszug vorzeitig abgebrochen, dann blieben die Donaukapitäne auf ihrer Bierladung sitzen und konnten sehen, wie sie die Fässer an die ansässige Bevölkerung losschlugen. So entstand wohl der erste, wenn auch unfreiwillige Export von Hefeweißbier.

Wir haben in Vilshofen auch noch das Passauer „Innstadt-Hefeweizen" von der Innstadtbrauerei probiert, in der Meinung, wir könnten uns dadurch den Weg zur Dreiflüssestadt schenken.

Aber wir haben dann bereits nach dem ersten Schluck gemerkt, daß dieses Bier unmöglich den Stand der Passauer Braukunst allein repräsentieren kann, zumal wir noch erfuhren, daß ein J. Andorfer dort eine reine Weißbierbrauerei unterhält.

„Vielleicht hat das Innstadt-Weizen nur den Transport flußaufwärts gegen die Strömung net vertragen", meinte der Hamp. –

„Also schön, dann pack' ma's halt noch nach Passau", seufzte der Michael mit einem Blick auf die Landkarte, „sind ja bloß 25 Kilometer. Wenigstens geht die Straße an der Donau entlang, da werden schon nicht so viele Traktoren fahren." – „Hm, es sind ungefähr 50 Kilometer", widersprach der Hamp ganz ruhig. – „Wieso denn

50?" – „Weil für mich der Weg von Vilshofen nach Passau unbedingt über Asenbaum führt!" entgegnete er und deutete auf einen Punkt auf der Karte, der nicht etwa lila, sondern nur sehr klein war, weil es nicht einmal zu einem gelben Ortsschild reichte. „Weiler Asenbaum – von mir aus, aber nur, weil der nächste Ort Wolfersdorf heißt!", brummte der Michael. Immerhin brachte dieser Umweg uns in Hutthurm eine neue Sorte in den Kasten, die „Hutthurmer Weisse".

Passau, unsere nächste Station, ist freilich mit viel zu viel Geschichte beladen, als daß wir alles an einem kurzen Ausflug hätten bewältigen können.

In Passau spürt man die Nähe zum Balkan schon auf den Speisekarten, wenn es auch in erster Linie österreichisch mit einem niederbayerischen Akzent zugeht. So kann man etwa in der Stiftskirche zum Hl. Geist Wachauer Wein von eigenen Rebstöcken bekommen und in der dunkel ausgetäfelten Wirtsstube über die im Mittelalter marktbeherrschende Stellung des Weißweins nachsinnen. So hat zum Beispiel auch der Geschichtsschreiber Aventinus den Wein zwar oft, das Bier aber mit keinem Wort erwähnt.

Wir wollten natürlich die Stadt Passau vor allem von ihrer Weißbierseite her kennenlernen und machten uns auf die Suche nach der Brauerei Andorfer. Und wer, wie wir, das Kunsterlebnis der Dreiflüssestadt durch einen Besuch der Festung Oberhaus abschließen will, der geht auch weißbiermäßig keinen schlechten Weg:

Dort nämlich, wo die Straße ihren Anlauf zu der

mächtigen Burganlage nimmt, steht auch das Weiße Bräuhaus J. Andorfers, ein gestandenes großes Wirtshaus mit viel altem Holz und langjähriger Kundschaft. Und über die Qualität von Andorfers Hefeweißbier wollen wir nur sagen, daß davon in einem Jahr sicherlich mehr als die 22,5 Hektoliter getrunken werden, die in der größten Orgelpfeife des Passauer Doms Platz hätten.
Daß das Weißbier in einer so wichtigen Stadt wie Passau natürlich nicht ohne eine lange Tradition ist, wird sich der Leser denken können. Wir erfuhren das auf dem Schloß Hacklberg, dessen Name auch heute noch von einer Passauer Brauerei geführt wird.
In der Renaissancezeit hat nämlich der Fürstbischof Wolfgang von Salm auf dem Hacklberg nicht nur ein Lustschloß mit Gärten und Labyrinthen hinstellen lassen, sondern er setzte daneben gleich ein zur wahren Lust unentbehrliches Weisses Bräuhaus. Diese fürstbischöfliche Weißbierbrauerei wurde erst 1796 durch den Reichsdeputationshauptschluß aufgehoben.
Im Jahre 1807 fiel dann auch der sogenannte Bierzwang, der den Städten und Märkten bis dahin verboten hatte, anderes als einheimisches Bier auszuschenken, und langsam konnte auch die bürgerliche Konkurrenz den großen staatlichen Brauereien Paroli bieten.
So mußte sich zwar noch der Münchner Brauereigründer Gabriel Sedlmayer d. Ä., der 1826 um die Genehmigung nachgesucht hatte, weißes Weizen- und Gerstenbier brauen zu dürfen, mit einer fadenscheinig begründeten Ablehnung zufrieden geben: die Besteuerung sei eine

ungewisse Sache, außerdem sei gar kein Bedarf für Weißbier und obendrein hätten ohnehin einige Leute schon das königliche Weißbiermonopol abgelöst.
Dann ist aber der Sedlmayer drei Jahre später nach Passau aufgebrochen, um das Weißbierbrauen bei der Brauerei Hacklberg noch einmal genau zu studieren, und seitdem hinderte den Sedlmayer niemand mehr am Weißbierbrauen.
Unsere Fahrt ging nun direkt über Fürstenzell nach Süden, wo wir gleich ganz massiv fündig wurden: gleich sieben Sorten Weißbier auf einer Fläche, die nur wenig größer ist als der Chiemsee!
Da lag zuerst einmal die „Rottaler Weisse" vom Neumaierbräu aus Griesbach am Weg.
Auf der Weiterfahrt stießen wir dann in Rotthalmünster auf die beiden Jodlbauer-Hefeweizen.
Allein diese drei lohnten schon den weiten Weg und boten ganz unterschiedliche Genüsse: das Griesbacher hatte eine angenehme mineralische Milde, und das normale Jodlbauer-Hefeweizen möchten wir fast schon mit dem Grünbacher vergleichen; am wenigsten sagte uns noch Jodlbauers Josefi-Weiße zu.
Wer dagegen auch beim Hefeweißbier den herben Pilsgeschmack schätzt, der sollte sich im nahen Kößlarn nach dem Weißbräu umsehen.
Kößlarn war von 1400 bis in die Reformationszeit hinein die gefragteste Marienwallfahrt im bayerischen Unterland. „Älter als die z'Eding!", meinte der Hamp, „hoffentlich wird des net wieder so a Sucherei nach dem

Weißbräu!“, – aber da standen wir schon vor der Brauereiwirtschaft. Etabliert ist der Weißbräu in Kößlarn schon seit 1889, und auch das farbenprächtige Wappen, das er sich gegeben hat, geht wohl auf die Gründerjahre zurück: Der Kößlarner Eber mit seinen langen Hauern, ein Bündel Weizenähren und Hopfendolden und schließlich ein bärtiger Atlas, der die Weltkugel stemmt, teilen sich die Bildfläche.
Kräftig wie einst der Riese Atlas sollen alle diejenigen werden, die sich lange genug an diesem Kößlarner Hefeweißbier laben, – obwohl der Chef des Hauses gar nicht danach ausschaut, als würde er sich ausschließlich selber versorgen. Eher können wir ihm trotz seiner ruhigen Art eine gewisse Wendigkeit bescheinigen, was sich nicht nur in der Tatsache erkennen läßt, daß der Martin Brunner in der dortigen Tischtennisliga auftrumpfen kann, sondern vor allem daran, wie er zu seiner Brauerei gekommen ist: Die gehörte nämlich noch bis vor kurzem dem Franz Schödermaier und war nach dessen unerwartetem Tod völlig verwaist.
Und so hat es eine ganze Zeit danach ausgesehen, als ob die Sudpfanne, die übrigens wie die gesamte übrige Anlage aus der Zeit um 1950 stammt, zuguterletzt dem Altmetallhändler verkauft werden müßte. Selbst der Bruder des Unertl-Junior aus Haag ging lieber zum Auer-Bräu nach Rosenheim als ins niederbayerische Kößlarn, das fast eine Weltreise von Haag entfernt ist. – Auch der Brunner Martin mußte in seinem Weltatlas erst viele Seiten zurückblättern, ehe er die kleine Marktge-

meinde ausfindig gemacht hatte, wo ihm ein Weißbräu angeboten worden war. Es würde ein weiter Weg werden, das wußte er, – und er hatte sich doch schon so an das afrikanische Bier gewöhnt! Aber dann siegte doch die Sehnsucht nach seiner niederbayerischen Heimat. Nach 15jährigem Schwitzen in den tropischen Sudhäusern Afrikas wollte er endlich sein eigener Herr sein im Bräuhaus!

Da hat er dann Frau und Kinder gepackt, ein paar Antilopenköpfe für's Bräustüberl mitgenommen, seinen Meisterbrief hervorgesucht „und in acht Wochen war alles g'schehn." Der Riese Atlas mit seiner Weltkugel aber paßt nun erst recht ins Wappen des Kößlarner Weißbräus: So klein und leicht ist die Welt auf dem Weißbierglas.

Jetzt hat der Brunner so viel zu tun, daß er gar nicht mehr zum Reisen kommt. Wie ein Doktor tüftelt er herum, um seinem Weißbier eine längere Haltbarkeit anzuerziehen! Vielleicht möchte er es nicht nur nach München exportieren, wo die Leute jetzt schon viel Geld für seine Bügelverschlußflaschen zahlen, sondern auch seinen Kollegen im Schwarzen Erdteil eine Freude machen. Ob er das Weißbier mit seiner alten Anlage allerdings tropentauglich machen könnte, bezweifeln wir schon ein bißchen. Aber wahrscheinlich hat er gar keine so ehrgeizigen Pläne, weil er schon beim Verkauf nach München nicht so genau auf den Gewinn schauen darf . . .

Da könnte sich eine andere Erfindung Brunners schon eher als exportfähig erweisen, zumindest im bayrischen

Raum: Er ist nämlich der einzige uns bekannte Weißbräu, der auch ab und zu ein Faß mit Weißbier füllt. „Warum soll des eigentlich net gehen, hab' ich mich g'fragt", meinte er lapidar, aber doch nicht ohne Stolz zu seiner Pionierleistung. Allerdings sei, so erzählte er weiter, ein vorsichtiger Umgang mit dem Faß geboten, und auch das Verhalten der Hefe im Faß macht ihm noch gewisse Schwierigkeiten. „In größerem Umfang kann ich mir des eigentlich nicht vorstellen", hat er anschließend gesagt und uns damit samt unseren gewagten Zukunftsvisionen von einem frisch vom Faß gezapften Hefeweizen zurück auf den niederbayrischen Boden der Tatsachen geholt.
Und hätte das nicht schon der Brunner geschafft, im benachbarten Triftern wären wir beim Anblick der Speisenkarte in Peter Bauers Brauereigaststätte sicherlich schlagartig ernüchtert worden: „Da sieht man erst richtig, wie man eigentlich beim Essengehen in München wirklich geschröpft wird!" wunderte sich der Hamp, der ganz begeistert von überaus günstigen Preisen war. Wenn da die Benzinkosten nicht so hoch wären . . .
Aber es war spät geworden, und auch unser letztes Ziel, Pfarrkirchen, lag schließlich noch ein ganzes Stück von der teuren Weltstadt entfernt. So nahmen wir nur einige Flaschen von Bauers gutem und ungemein süffigen Hefeweißbier mit und kauften auch ein Glas, weil es in uns mit seinem schwungvollen Schriftzug Erinnerungen an die Zeit erweckte, als noch elegante Automobile durch die Straßen fuhren und die Firmennamen noch

ohne aerodynamische Rücksichten stolz auf den Blechen der Alfa Romeos und Goggomobile prangten.
In Pfarrkirchen wollten wir dann beim Steiner Schorsch einkehren. Der ist mit seinen 700 Hektolitern obergärigem Weizenbier pro Jahr nicht nur einer von Deutschlands kleinsten gewerblichen Biersiedern, sondern beinahe schon das Paradebeispiel für handwerkliches Kleinbrauertum in Bayern: So oft hatten wir schon in diesem oder jenen Zeitschriftenartikel von ihm gelesen.
Er versteht es ja nun wirklich, sein Bier anzupreisen: „Das ist, wenn man's genau betracht', der Saft, aus dem man Nachwuchs schafft!“ liest man in seinem dunklen Bräustüberl. Oder noch prägnanter: „Dir werden nicht dic Knochen morsch, trinkst Du das Bier vom Steiner Schorsch!
Zu viele Leute dürfen allerdings nicht gleichzeitig mit einer Steiner-Kur anfangen, denn mehr als zweimal die Woche brauen mag der 62jährige Schorsch nicht mehr: „Ich könnt' schon auch drei Sud in der Woch' schaffen, aber dann arbeit ich ja bloß noch für die Steuer! Da is' s schon eher einmal einer weniger, wenn ich net so fleißig war“, meint er.
Und weil bei ihm das Bier stets rar ist, kann er auch einen konkurrenzlos hohen Preis für einen Kasten Hefeweißbier verlangen, und die Leute zahlen ihn trotzdem. Als wir damals unsere morschen Knochen in seinem Bräustüberl ausruhen wollten, war Knöcherlsulz und ein Bier von der Konkurrenz leider das einzige, was er uns anbieten konnte. Denn der Schorsch war eine Zeitlang

krank gewesen, und damit war natürlich auch die gewaltige Bierproduktion von 15 Hektolitern pro Woche versiegt. Nicht eine einzige Flasche war noch aufzutreiben, und so mußte der Steiner halt notgedrungen das Hefeweißbier vom Pfarrkirchner Gässlbräu ausschenken. Wenigstens war es aber auf seine alten Bügelverschlußflaschen abgezogen worden, – eben ein typischer Fall von niederbayerischer Nachbarschaftshilfe. Und als dann Bekannte von ihm kamen und den Schorsch zum Grillen einladen wollten, hat er nur ganz mürrisch gesagt: „I hob jetzt koa Zeit, i muaß jetzt erst mein Sud ansetzen, sonst ham ma in zwei Wochen no koa Bier!"

Haarscharf am Häßlichen vorbei

„Der Hubensteiner hat schon recht", meinte der Hamp auf der Heimfahrt von dieser anstrengenden Reise, „in Niederbayern mußt' schon haarscharf am Häßlichen vorbeiphotographieren, wenn du ein schönes Bild machen willst. Diese elende Monokultur . . . bei aller Liebe zu den Asenbäumen, weißt' . . ." – „Und deswegen fahr' ma nächste Woche gleich nach Schwaben nunter. Du kannst nämlich gegen's Häuslebauen sagen was Du willst, aber da stehen wenigstens ab und zu noch ein paar Bäume dazwischen, sogar Wälder und Hügel, – und außerdem ham die net nur Häusle, sondern aa Kirchle baut!" – „Genau! Wir müssen jetzt mal nach Ottobeuren, ob's jetzt dort einen Weißbräu gibt oder nicht!"

Irsee – Kaufbeuren – Marktoberdorf – Kempten – Ottobeuren

Nun geht es also an die letzte Fahrt, die wir in unserem Weißbierbuch besprechen möchten. Natürlich sind dadurch nicht alle Weißbierwege erschlossen, die es in Bayern geben mag, aber wir wollten ja kein Lexikon schreiben, sondern bloß Anregungen zu eigenen Begegnungen geben.

Aber immerhin haben wir von München aus dann alle Himmelsrichtungen ausgelotet. Und so geht es halt jetzt noch ins Schwäbische hinein.

Der alemannische Stamm ist dem Weißbier ja ganz und gar nicht abhold, wenn es hier auch keine derartige Vielfalt wie in Ober- oder Niederbayern gibt. Immerhin aber stand im alemannischen Kloster St. Gallen die älteste bekannte Mönchsbrauerei für Weißbier: Dort hatte man nämlich schon um das Jahr 820 eine Art Gersten- und Weizenmischbier, das bezeichnenderweise nur an die Konventsmitglieder und an hochgestellte Gäste ausgeschenkt wurde, während sich das Personal an das gewöhnliche Gersten- oder Haferbier halten mußte. Neuerdings sind aber einige Brauer aus St. Gallen nach Niederbayern gereist, um dort ihre verschütteten Weißbierkenntnisse wieder aufzufrischen.

Wir waren damals natürlich nicht ins eidgenössische St. Gallen unterwegs, sondern uns genügte schon der Weg nach Irsee, das eine kurze Strecke nördlich von Kaufbeuren liegt. Zwar wirkt in dem dortigen Kloster schon längst kein Benediktiner mehr, dafür sorgt aber eine sehr selbstbewußte Kleinbrauerei dafür, daß wenigstens die alten Braurezepturen der Mönche nicht in Vergessenheit geraten. Freilich hat man nicht nur alte Klosterbräuche über die Zeit gerettet, sondern auch dem Fortschritt Tür und Tor geöffnet: 1909 wurde mit der Einführung der Bierflasche durch August Schegg die Flaschengärung ermöglicht. „Reformweizenbier" nannten die Irseer die große Neuerung damals bescheiden, und August Schegg ließ es mit einem der ersten Lastwagen der ganzen Gegend ausfahren.

Man sieht das auf einer alten Photographie, wie der Lastwagen nicht mehr weiterkommt durch den schwäbischen Winter, und von einem Pferdegespann gezogen werden muß. Daneben dann alte Literflaschen mit dem Porzellanverschluß und die wuchtigen, schweren, Weißbiergläser, wie man sie damals noch hatte.

Die Irseer haben die Geschichte ihrer Brauerei liebevoll zusammengetragen und in Schaukästen im „Klosterstüble" ausgestellt.

Fast ein bisserl zu dick aufgetragen, wie man hier auf Publikumswirkung aus ist: Alles kann man kaufen und mitnehmen, und selbst die Speisekarte ist reichlich mit Historischem gewürzt. Aber was bleibt einem Pächter schon übrig, wenn im Haus daneben die „Werbe- und Beratungsgesellschaft für Brauereigastronomie mbH" ihren Sitz hat.

Doch damit nicht genug. Das Irseer „Klosterstüble" gehört auch noch der Kooperation Privater Brauerei-

gasthöfe an. Der Sinn und Zweck dieses Zusammenschlusses soll es sein, die „historische Rolle der Brauereigasthöfe in Deutschland (!) zu beleben und den Brauereigasthof zu einer Oase der Gastlichkeit und Erholung zu machen" – so steht es jedenfalls in der Werbebroschüre des Vereins. „Allerweil noch besser als so ein bundesweiter Brauerbund, wo Leute im Vorstand sitzen, die aus der Waschmaschine direkt in den Sudkessel gesprungen sind!" grollte der Hamp und spielte auf den Branchenwechsel eines Waschmittelspezialisten ins Braugeschäft an. „Als ob Schaum gleich Schaum wär! . . . Aber zum Glück beschäftigt sich der hauptsächlich mit Pils, glaub ich, das is doch klar für einen Ex-Saubermann", stimmte der Michael gleich mit ein, „die Irseer mit ihrem Verein sind da sicher besser beraten!"
Noch dazu, wo in Irsee die Bedingungen sowieso schon recht günstig sind, um den Ruf der Brauerei und Gaststätte von den Besuchern ins Land hinaustragen zu lassen: Da ist zunächst natürlich die Klosterkirche, die beim Erscheinen dieses Buches bestimmt schon restauriert sein wird; dann gibt es eine ganze Reihe von Kulturaktivitäten, vor allem für die jüngere Generation, und schließlich sind um Irsee herum herrliche Waldwanderwege.
Alles in allem scheint es geglückt, den kleinen Ort zu einem Publikumsmagneten zu machen. Auch im alten Gemäuer des „Klosterstübles" können mühelos bis zu 250 Gäste bewirtet werden, ohne daß sich der einzelne Gast beim gemütlichen Essen vom herrschenden Mas-

senbetrieb belästigt fühlen müßte. Dazu tragen nicht nur die vielen Nischen im Gemäuer bei, sondern auch die ausgeschenkten Biere.
Ausnahmsweise erwähnen wir hier auch das Helle, den sogenannten Klostertrunk, weil der, wie das Hefeweißbier, unfiltriert ausgeschenkt wird. Leider gab man sich bei unserem Besuch mit dem Ausschank des „Klostertrunks“ mehr Mühe mit der Hefetrübung als beim Weißbier. Und das hatte wohl seinen Grund: denn das Weißbier war leider nicht ganz ausgewogen und ließ sich nicht einschenken, ohne daß große Hefefladen sich am Glasboden absetzten. Schade, weil das mittelbraune Irseer ansonsten ungemein süffig war und angenehm nach Malz schmeckte.
Die Schwaben haben schon immer ein recht eigenwilliges Weißbier zu brauen gewußt. Das ist schon Gabriel Sedlmayer dem Jüngeren von der Münchner Spatenbrauerei aufgefallen: in einem Gutachten aus dem Jahr 1849 schreibt er, daß überall in Altbayern das Weißbier obergärig gemacht würde, nur in Augsburg und einigen Gegenden Unterschwabens untergärig. Und tatsächlich kann man auch heutzutage noch recht eigene Bierkreationen finden, wenn man es nur darauf anlegt. Das Meringer Export-Weizen zum Beispiel wird aus reinem Weizenmalz eingebraut.
Natürlich gibt es aber auch schwäbische Hefeweißbiere, die geschmacklich eine eher solide Angelegenheit ohne besondere Merkmale sind, ob sie nun, um nur einmal einige zu nennen, aus Augsburg stammen und vom

Riegele oder Hasenbräu stammen oder aus Lauterbach, Bobingen oder Krumbach kommen.
– Doch weiter nach Kaufbeuren. 1905 ist hier Peter Auer geboren worden, der jetzt in Hausham bei Miesbach sein hefe- und kohlensäureloses Weißbier braut. Das Weißbier aus Kaufbeuren war da schon anders: die Hefe hatte überhaupt keine Chance, sich irgendwo niederzulassen, weil die Kohlensäure derart im Glas herumtobte. Trotzdem löste sie sich nicht ganz auf. „Ein Bier der modernen Linie", wie wir auf dem Etikett lasen, – na ja. Man bekam es original von der Aktienbrauerei Kaufbeuren und, mit einem anderen Wapperl drauf, auch von der Rosenbrauerei, die es dort seit 1630 geben soll.
St. Blasius, die Kirche von Kaufbeuren mit ihrem Lederer-Schnitzaltar, kann man sich ansehen, wenn einem die Zeit nachher in Ottobeuren nicht leid tut.
Gleiches gilt von St. Martin in, genauer gesagt über Marktoberdorf. In der Ortsmitte selber gibt es nur eine kleine Pfarrkirche, für die man schon sehr, sehr viel überflüssige Zeit haben müßte . . .
Das Drumherum ist da schon viel interessanter: nein, nicht die vielen Bausparkassen, die, typisch schwäbisch, um die Kirche herum gruppiert sind, auch nicht das Geburtshaus des Karl Meichlbeck, der die berühmten Chroniken von Freising und Benediktbeuern geschrieben hat.
Wir meinen den Sailerbräu, bei dem wir das „Jubelweizen" bekamen und der eine der ältesten Braustätten in Marktoberdorf ist.

Und gejubelt haben wir dann auch, als wir nicht weit weg davon einen reinen Weißbräu fanden, die Weizenbierbrauerei Klaus Neumaier. Freilich zu früh gejubelt, weil der gerade zu hatte, und uns kein Mensch sagen konnte, wo sein Bier zu haben sei. – Vielleicht ein schwäbischer Steiner?
Tatsächlich konnten wir bis heute keine einzige Flasche davon auftreiben.
Beide Weißbiere können aber auf jeden Fall auf eine ungewöhnliche Tradition zurückblicken. In Marktoberdorf wurde nämlich bis 1800 ausschließlich Weißbier gesotten, und erst nach der Säkularisation 1803 fand sich der Gastwirt „Zum Mohren", ein gewisser Hyazinth Egger, bereit, es auch einmal mit dem Braunbier zu versuchen.
Braunbier gab es zu jener Zeit auch im Fürststift zu Kempten, und zwar 10000 Eimer zu je 60 Maß pro Jahr. Aber hauptsächlich riß man sich um das Weißbier, von dem die 56 Kemptener Wirte gute 2000 Eimer unter sich ausraufen mußten. Das war nicht gerade viel, wenn man bedenkt, daß allein die 46 Zecher an der Tafelrunde des Fürstabtes einen Monatsverbrauch von 43 Eimern Weißbier und 71 Eimern Braunbier gehabt haben sollen. Das entspricht ungefähr einem Durst von fünf Maß pro Person und Tag!
Das Bier muß schon sehr gemundet haben, so wie heutzutage die „Altkemptener Weisse" des Allgäuer Brauhauses, die wir fast mit dem Haager Unertl vergleichen möchten. Ähnlich gut schmeckte uns auch das

hellere Hefeweißbier derselben Brauerei, das schon beinahe einem „Maxlrainer“ gleichkam. Und selbst der Weizenbock war noch unglaublich süffig, wenngleich davon nicht einmal die Bewohner der Residenz des Fürstabtes fünf Maß hätten trinken können.
Diese prunkvolle Rokokoresidenz, die einmal nichts anderes als die Abtei war, und der benachbarte Kirchenbau aus dem frühen Barock zeugen noch heute von der weltlichen Macht und dem Reichtum des adeligen Stiftes, wo der Fürstabt in völliger Eigenständigkeit über 42000 Untertanen zu gebieten hatte.
Aber was reden wir von Macht und Reichtum des Kemptener Fürstabtes. Die letzte Weißbierfahrt soll so nicht enden. Wir setzen Ottobeuren an den Schluß, keinen Weißbräu, keine Geschichte, die von Bauwut überschäumt oder von wunderlichen Wirten erzählt. Ottobeuren steht da, als wäre es von oben herab in die schwäbische Landschaft hineingesetzt worden, als hätte man ein Fertighaus neben Modellhäuschen hingestellt. Aber nicht Macht und Reichtum haben geschaffen, was sich uns heute wie selbstverständlich als das größte und schönste bayrische Kloster auf der Welt präsentiert, sondern es war die ruhige Beharrlichkeit und Umsicht zweier Äbte, die ihr ganzes Leben nur der Vollendung dieses einen Bauwerks gewidmet haben. So etwas können nur Schwaben.
Abt Rupert II. Ness starb 1740, nachdem er 30 Jahre lang den Bau vorangetrieben hatte. Er war ein genialer Ökonom gewesen, der die bedeutendsten Künstler nach

Ottobeuren verpflichten konnte und den Klosterbau in einer für viele geradezu skandalösen Dimension anlegte: So ließ im Mai 1724 der Abt von Neresheim vernehmen, das Ottobeurer Bauwesen „überschreite die religiöse Bescheidenheit weit und unzulässig“!

Doch der ruhige Abt Rupert, den nicht einmal die zeitweilige Exkommunikation aus der Fassung gebracht hatte, notierte lediglich in seinem Tagebuch: scandalum acceptum. Non datum. (Das Ärgernis entgegengenommen, keinen Anlaß dazu gegeben.)

Auf Rupert Ness folgte Anselm Erb aus Ravensburg als Abt. Der ließ den Oberhofbaumeister Joseph Effner den Plan revidieren und entschloß sich schließlich, den tüchtigen Simpert Kremer zu entlassen und den genialen Johann Michael Fischer den Bau vollenden zu lassen. Aber dann dauerte es immerhin noch ganze 17 Jahre, bis man endlich 1766, als Anselm Erb schon auf dem Sterbebett lag, die Kirche mit einem riesigen Fest einweihen konnte.

Und das tausendjährige Jubiläum Ottobeurens hatte man dafür um zwei Jahre hinausgeschoben.

Einfach so.

Schlußgelage

Hamp: So, Leut' jetzt habt ihr's gehört, unser Weißbierbuch. Ihr habt's ja schon eine ganze Weile getrunken, und ich werd' mir jetzt auch eins einschenken, weil ich noch ganz heiser bin vom Vorlesen.

Michael: Wonach ist Dir denn jetzt, Hamp? Ein Kasten wär' noch da, zehn Sorten haben wir ja schon durchprobiert. Aber es war nichts Umwerfendes dabei, sonst hätten wir Dich schon unterbrochen.
Hamp: Na, da sind hoffentlich schon die ganzen Münchner Sorten weg, oder habt's mir nur die übriggelassen, die ich eh schon kenn'?
Michael (kontrolliert die leeren Flaschen): Also, weg sind Löwenbräu, Hacker, Paulaner, Hofbräu München, Maisel Bayreuth, Tucher Nürnberg, Mering bei Augsburg, Rain am Lech, Schallerbräu Bonstetten und Kronenbräu Altenmünster. – Von den Münchnern ist demnach nur noch des Haselbach da.
Nikolaus: Was? Haselbach? Münchner Brauerei?
Michael: Ja, genau des soll der Hamp kriegen, dafür, daß er uns so schön vorgelesen hat, – weil des schon historisch ist. Ja, Nikolaus, du hast schon richtig gehört, eine kleine Münchner Weißbierbrauerei, die kaum jemand kennt: Der Herr Haselbach hat vor'm Krieg die größte ostdeutsche Brauerei in Schlesien besessen. Dann ist die Vertreibung gekommen und 1950 hat er dann in München-Riem ganz klein mit dem Weißbierbrauen angefangen, so klein, daß ihn kaum jemand bemerkt hat, nur ein paar Kenner, – und genau so klein ist er auch gestorben vor zwei Jahren. Die Flasche da dürft' die letzte sein, die's auf der Welt gibt. (Schenkt sie dem Hamp ein, riecht, probiert und schüttet sie weg). So schmeckt also Geschichte aus'm Kühlschrank! Na, Hamp, historische Flaschen passen net zu unser'm Buch!

So ein Weißbier muß man sich einfach immer frisch besorgen, sonst is des nix. Ich geb' Dir jetzt ein Weideneder aus Tann, des is recht frisch, glaub' ich.

Hamp: Genau! Wie der Kardinal Ratzinger gestern einen Betriebsbesuch gemacht hat, wo mein Vater arbeitet, da ist nämlich einer auf die Idee gekommen, der Herr Kardinal würd' sich dann in der Kantine über ein Weißbier aus seiner Heimatgegend freuen. Und so ham's ihm gleich an ganzen Kasten Weideneder hing'stellt. Na ja, g'freut hat er sich schon, aber mehr als zwei hat er offenbar nicht gepackt, sonst hätt' ma jetzt hier keine Reste.

Christian: Soll' ma jetzt hier über des Buch reden, oder wollt's uns noch ein paar Kardinalsg'schichten rund ums Weißbier verzapfen?

Michael: Des könnt' ma scho! Aber meinetwegen, was paßt Dir denn net an dem Buch?

Barni: Wer soll denn das eigentlich lesen? Des is doch nur was für Leute wie Euch, – glaubt Ihr denn, daß es da viele gibt? Dieses Hin und Her zwischen Spaß und Ernst, zwischen G'schichterl und Geschichte, das kann doch nicht Euer Ernst sein, daß das ein Mensch außer Euch verkraftet?

Christian: Eben! Die Leute wollen doch zunächst einmal klare und übersichtliche Informationen . . .

Hamp: Für die ham wir doch ein herrliches Register gemacht, schau her . . .

Christian (interessiert sich nicht) . . . die wollen was vom Weißbier wissen: Wie viele Sorten, wo, wann,

Ruhetage, wie es gebraut wird, meinetwegen auch noch kurze Hinweise auf Sehenswertes, das Know How fehlt dem Buch, versteht Ihr?

Hamp: Aber des steht doch alles drin, hätt'st doch besser aufgepaßt!

Christian: Aber wer will sich denn das schon alles zusammensuchen. Da muß man dann durch Eure dilettantischen Kirchenbeschreibungen durch, die ja ganz lustig sind, – aber Ihr glaubt doch selber nicht, daß sich die Biertrinker für Barock und die Barockliebhaber fürs Bier begeistern?

Michael: Aber für Hefeweißbier, weil hinter beidem ein Lebensstil steht, der . . .

Christian: Aber das sind doch zwei verschiedene Welten, oder sogar drei, Technik, Kultur und Geschäft!

Hamp: Da brauch ich noch ein Weißbier, damit ich des Niveau erreich'!

Michael: Ein Günzburger hätt' ich grad da. Des mußt' aber aus einem weißen Keferloher trinken, weil die des dort auch so machen, die Schwaben.

Hamp: Ja, des is grad recht. Nur her damit! Wir wollten halt kein Lexikon schreiben. Denk an den Haselbach. Man kann Bayern, ich mein', man kann das Hefeweißbier nicht einfach so systematisch abhaken, durchlochen und abheften. Das Zeug lebt eben, das ist doch das Schönste daran.

Michael: Außerdem kannst' Dir in jedem Buchladen einen ganzen Stapel Bücher über die Herstellung, Geschichte und Tradition von Bierbrauereien kaufen.

Nur über's Weißbier hat sich halt noch keiner getraut.
Barni: Na bitte, Ihr habt's also bloß in eine Marktlücke hineingeschrieben! Füllt's ma lieber die Lücke in meinem Weißbierglas, – nein, kein Schneider!
Michael: Aber des is doch des Schneider aus Rohrenfels!
Barni: (probiert) Schmeckt auch nicht anders als ein Paulaner.
Oliver: Was hab ich denn da derwischt? Schaut's amal des Etikett an: Deutsche Schrift, weißblaue Rauten, und dann noch die Aufschrift: „Scherdl Hefeweißbier Dunkel", da ist alles drin, was gut und kitschig ist: typisch, bayerisch, dunkel, . . . wie das königlich bayerische Amtsgericht.
Hamp: „Menschlich halt".
Michael: Hört's net auf den Oliver, er ist ein Österreicher . . . Aber solche Traditionserschleicher fallen selbst Dir als Ausländer auf. Was sollten da erst die Leute davon halten, die vom Norden kommen, und zum Weißbier erst einmal „braune Pampe" sagen? Gebt's amal dem Oliver ein anderes Weißbier, der wird ja sonst noch zum Schwarzseher! Ja, genau, des Untermeitinger da!
Hamp: Also weißt Du, ich hab' überhaupt nichts gegen die Leute, die nach Bayern kommen und erst einmal „braune Pampe" zu unserm Hefeweißbier sagen und die Nase rümpfen. Die halten dann aber meistens den Mund, wenn sie erst einmal den Kulturschock überwunden haben – und vielleicht schmeckt's ihnen eines Tages sogar, wenn sie sich Bayern näher angesehen haben und merken, daß die Hefe dazugehört.

Barni: „Bayern angesehen"? Du meinst wohl „Bayern angeguckt"?
Hamp: „Angucken", „ansehen", „anschauen" oder „oschaun", weißt Du, des is mir ganz wurscht. Für mich ist der Dialekt schon lange kein Maßstab mehr für's echt Bayrische oder fürs Volkstümliche, für's Gewachsene, Gestandene, Ehrliche, Menschliche, Traditionsbewußte und weiß der Teufel was, ob einer Dialekt redet oder nicht. Der bayrische Dialekt, – im Grunde genommen kann man daran nicht mehr sehen als an einem Weißbieretikett aus dem Jahr 1983, wo irgendein Werbemensch das Wort „altbairisch", möglichst mit „i", draufgemalt hat. Erinnerst Du Dich noch an die Kellnerin von Bachham, wie die dem Preiß'n g'sagt hat, daß auf des Tellerfleisch ein „Meerrettich" draufg'hört?
Barni: Natürlich, Du hast sie ja so schön nachg'macht!
Hamp: Ja, aber mach' des mal einem g'studierten Bayernkundler klar! Wie wir die Bachhamer Geschichte einmal so einem Herrn vorgelegt ham, der hat g'sagt: „Aber meine Herren! So eine urbayrische Kellnerin sagt doch ‚Kren' und net ‚Meerrettich', das müßten Sie als bayrische Schriftsteller doch wissen!"
Aber die Kellnerin hat wirklich „Meerrettich", und nicht „Kren" g'sagt, Herr Doktor Bavariae, und wenn's in Ihr „urbayrisches" Drehbuch noch so wenig hineinpaßt! Und auf keiner unserer Fahrten durch Bayern ist uns jemals ein Exemplar der Gattung „Urbayer" über den Weg gelaufen. Die gibt's nämlich nur in den geradegebogenen Büchern der Geschichts-Buchmacher, aber nicht

auf den ungepflasterten Wegen zum Weißbier, dort, wo die wirklichen Geschichten stattfinden. Das ist ein Unterschied wie das Gebirge, wenn man es von der Salzburger Autobahn aus betrachtet, oder wenn man selber hinaufsteigt. Eine Kellnerin im nördlichen Chiemgau ist schon ein bißchen zu nah dran an der Autobahn, um sich in professoralem „Ur"-bayrisch ausdrücken zu können. Die muß auch von dem arrogantesten Preiß'nschnösel verstanden werden können. Die kann net „Kren" sagen, wenn's in einem Land lebt, wo sich der aufgeblasenste Münchner Schickeriadepp neben den einfühlsamsten Norddeutschen ins Wirtshaus hockt und umgekehrt.

Oliver: O jeh! Jetzt hat er wieder seine Theoriephase! Ein Keltenbräu aus Manching bitte, das klingt nach altem Bayern, da hat's no keine Preuß'n geb'n.

Michael: Österreicher auch net. Da, nimm's nur. Aber schaut's her, das ist eben der Unterschied zwischen den Leuten mit dem volkstümlichen „Know How" und uns zwei Deppen, die wir von einem Wirtshaus ins andere tapsen und immer wieder unser Sprücherl nach dem „eigenen Weißbier" loslassen, und dann in die Kirch gehen, wenn's kein's gibt, oder auch wenn's eins gegeben hat.

Hamp: Und genau da liegt das, was Ihr vorhin die „Marktlücke" genannt habt's, daß wir uns die Informationen nicht per Fragebogen und Rückkuvert in die Redaktionsstube kommen lassen, sondern daß wir uns fast fünf Jahre Zeit für dieses Buch gelassen haben. So!

Michael: Und daß wir jetzt lieber ein Kühlfach für Protestsendungen beim Postamt anmieten . . .
Nikolaus (schaut versonnen in den Kasten): Riegele, Dillingen, Bobingen, Lauterbach, was es da noch alles gibt . . . Ihr macht's da also in Eurem Buch einen neuen Realismus, sozusagen. Mentalität von Kleinbrauern, und werdet ja nicht zu groß, sonst torkelt Dionysos durch Kirchenschornsteine und Brauereitürme, hicks, föderatives Denken, da singen Instandbesetzer von Tradition, von Nektar und Ambrosia . . .
Hamp: Um Gottes willen, er wird lyrisch. Holt's den Suhrkamp Verlag. Des klingt ja fast wie Achternbusch!
Oliver: Vielleicht hat er auch bloß an Bock derwischt.
Michael: Na, er hat bloß ein „Falter"-Weißbier aus Hof getrunken.
Nikolaus: Und komm mir vor wie ein Derwisch, auf der Jagd nach Schmetterlingen. Probier' doch!
Hamp: Tatsächlich! Schmeckt so süßlich wie eine Diabetikerausgabe von Nektar und Ambrosia. Nix Suhrkamp.
Oliver: Aber ein brauchbares Buch ist es trotzdem geworden. Das müßt' man sich eigentlich zweimal kaufen: Einmal für die Bibliothek und einmal für's Handschuhfach im Auto.
Michael: Ja, Du als Ausländer schon!
Hamp: Sind wir das denn nicht irgendwie selber?
Michael: Na, jetzt nimmer!
Hamp: Ich hoff's.
Michael: Du willst ja bloß net mir das letzte Wort lassen.
Hamp: Gegönnt!

Register

für Schnell-Leser, zur Gedächtnisstütze, und weil's versprochen war.

Inhalt